KB121929

신경숙 박사의

중국어
면접실무가이드

面试中国语宝典

신경숙 박사의

중국어
면접실무가이드

面试中国语宝典

- 写好简历和推荐信 이력서와 추천서 작성하기
- 如何回答面试问题 면접 질문은 어떻게 대답할 것인가
- 学习他人成功经验 타인의 성공 경험 배우기

신경숙 박사의

중국어
면접실무가이드

面试中国语宝典

초판 1쇄 발행 2021년 3월 4일

지은이 신경숙
펴낸이 이진옥

펴낸곳 도서출판 삼인행
주 소 서울시 영등포구 경인로82길 3-4 센터플러스 616호
전 화 02-2164-3014
팩 스 02-2164-3020
등 록 2017년 4월 1일 제2017-000049호
홈페이지 www.saminhaeng.com

ISBN 979-11-90370-03-5 13720
정 가 15,000원

도서출판 삼인행 블로그 http://blog.naver.com/saminhaeng2017

이 책에 대한 의견이나 잘못된 점을 도서출판 삼인행의 홈페이지와 블로그로 알려
주시면 도서 제작에 적극 반영하도록 하겠습니다.
책으로 펴내고 싶은 원고를 〈홈페이지 원고 투고란〉으로 보내 주세요.
도서출판 삼인행은 독자와 저자와 출판사가 함께 만들어 가는 광장이 되겠습니다.

前言

★ ★

　　中韩两国文化渊源深厚，自1992年建交以来，两国各方面关系均获得长足发展。韩国学生到中国留学或报考韩国大学中文专业，以及韩国人到中国企业求职的情况日益增多。入学和入职的时候都要经过面试，这对考生的汉语口语能力是一个考验，而针对面试情况的口语培训却往往不足。申京淑中文学院院长申京淑博士从事汉语教育事业已有三十多年，她在教学过程中发现了韩国考试在面试时往往有很多困难和痛苦。为此她主持编写了《面试中国语宝典》一书，希望韩国考生们提供便利。本教材的适用者为中高级汉语能力的学员，在编写上注重实用性，分为六个部分，包括如何准备简历和推荐信，面试答题的技巧和面试经验分享等，重点选取了面试时高频出现的60个题目，使学员在学习后能够触类旁通，结合自身情况做好准备，以便在未来的工作和生活中获得更多便利。还特别每个题目都包含一个示例回答和一个语法点。这样的安排能一方面使学员能够根据自身情况准备面试题目，一方面也是学生能够复习和巩固语法知识。本书的第五章和第六章分别为面试经验和技巧，以及有关面试的小故事，可以作为阅读理解内容，学生可以在提高阅读能力的同时，获得有关面试的各种知识。

　　本书的编写得到了李华老师、柴梅老师、吴梦楠老师、崔温柔老师的大力协助，在此一并致谢！

　한중 두 국가는 문화적으로 뿌리가 깊고, 1992년 수교 이래 양국 각 방면의 관계는 모두 장족의 발전을 이루었습니다. 한국 학생들이 중국으로 유학을 가거나 한국 대학의 중국어 전공에 응시하고 있으며, 한국인이 중국 기업에 구직하는 상황이 갈수록 늘어나고 있습니다. 입학과 입사할 때 모두 면접을 거쳐야 합니다. 면접은 수험생의 중국어 말하기 능력 시험이지만, 면접 상황에 대한 말하기 교육은 부족한 상황입니다. 신경숙 중국어 학원 원장 신경숙 박사는 중국어 교육을 시작한지 이미 30여 년이 넘었습니다. 신경숙 박사는 교육과정 중 한국시험이 면접에서 어려움과 고통이 많다는 것을 발견했습니다. 이로 인해 신경숙 박사가 주관하여 '중국어 면접실무가이드'를 집필하였습니다. 이 책을 통해 한국 수험생들에게 편리함을 제공하고자 합니다. 본 교재의 학습자는 중·고급 중국어 능력을 가진 수강생이며, 집필에 있어서 실용성을 중시하였고, 이력서와 추천서를 어떻게 준비해야 하는지, 면접시험 문제 풀이의 기술과 면접 경험 공유 등 6개 분야로 나누어져 있습니다. 면접 때 출제 빈도수가 높은 60개의 문항을 중점적으로 선발해 학습자가 학습 후, 하나를 알면 다른 것까지 유추해서 알 수 있도록 하였고, 자신의 상황에 맞게 준비함으로써 미래의 일과 생활에서 더 많은 편리함을 얻을 수 있도록 했습니다. 게다가 문제마다 하나의 예시 답변과 어법 포인트를 포함하고 있습니다. 이런 설계는 학습자들이 면접 문제를 자신의 상황에 맞게 준비할 수 있게 하였고, 학습자들이 복습과 문법적 지식을 쌓을 수 있도록 하였습니다. 이 책의 5장과 6장은 각각 면접 경험과 기술, 면접에 관한 에피소드로 독해 내용을 이해할 수 있으며, 학생들은 독해 능력 향상과 함께 면접에 관한 다양한 지식을 얻을 수 있습니다.

본 교재의 집필은 리화선생님, 차이메이선생님, 우멍난선생님, 최온유선생님의 많은 협력이 있었습니다. 이 지면을 통하여 감사의 말씀을 전합니다!

目录

★ ★

目录

★ ★

目录

★ ★

目录

★ ★

目录

★ ★

第一章
写好简历

写好简历：三个方法提升简历价值

一、工作经历用STAR法则

什么是star法则？

STAR法则是情境(situation)、任务(task)、行动(action)、结果(result)四项的缩写而成。

Situation：事情是在什么情况下发生。

Task：你是如何明确你的任务的。

Action：针对这样的情况分析，你采用了什么行动方式。

Result：结果怎样，在这样的情况下你学习到了什么。

主要就是需要体现你做了什么，做成了什么。

使用STAR法则的好处就是：人事经理能够清楚的知道，你做了些什么，做成了什么。

二、工作经历与岗位匹配

匹配更多的岗位要求，可以更大可能的获得面试机会。很多小伙伴因为不知道该怎么去匹配，而放弃了一些岗位的投递，是很不划算的，有些技能你是有的，只是你没有发现，比如一些软技能。

例如，我们可以来看这个运营岗位：

任职要求里面有：工作协调能力、吃苦耐劳等。

我们先分析岗位要求：

- 工作协调能力，即能够协调各方，将事情做好。
- 吃苦耐劳，即工作量很大，压力很大，你能抗压。

看似这些软技能不会是公司的真正需求，但这些都是公司的真实需求，如果公司不需要这些，也没必要写出来，因为在工作职责里面就有"协助公司""负责各自媒体平台"，说明了需要协助能力、任务工作量大。

分析了岗位要求，就需要用案例和事实来证明，所具备的能力，因为事实是不会说假话的，有这方面的事实，就表示自己做过。

1、工作协调能力

比如，可以说：在校期间，作为寝室(团体)的一员，协调各个室友，处理寝室的一些布置，最终获得了学生寝室文明奖项。

2、吃苦耐劳的能力

比如，可以说：在读书的时候，负责一周的卫生打扫，每天都是等到最后一个同学离开，才开始打扫，然后多次检查卫生后才离开。

三、工作经历用倒叙

在用倒叙的时候，可以让招聘方了解到你最近的一份工作状况，并且你最近做的事情是人力资源经理最关注的部分，最能体现求职者目前的能力和对业务的熟悉度。

而且人力资源经理没有那么多时间仔细看简历(特别是招聘季)，阅读简历的时间很快，按照阅读习惯，HR是从上至下阅读简历的，所以写简历的时候要让人力资源经理一眼看到重点内容。

四、无关经历不要写

为什么无关经历不要写？

因为写了没用，人力资源经理只要岗位所需要的，不相关的也用不着，如果写了还可能会暴露你的弱点，丢失简历竞争力。

比如，在校期间学习的课程，无关的就可以不写，然后可以突出相关的、高分的课程。

比如，应聘岗位是一个会计岗位，如果其他课成绩不怎么优秀，但是专业课不错，就可以像下面这样：突出相关优势科目，不相关的课程不写。

请回答问题

1. 什么是STAR法则？

2. 小明准备应聘会计只为，他在简历中写了很多他体育比赛获奖的经历，这是否合适？

个人简历范本

姓名	韩中和	性别	男	生日	1991.12	照片
高校	中国海南大学	专业	对外汉语	籍贯	海南	
学历	本科学士学位	韩语	四级	普通话	二甲	
计算机		熟练运用办公软件		户口所在地		三亚
联系方式		010-6666-8888 / hanzhonghe@naver.com				
理 想		找到一份踏踏实实的工作，用自己的脚走自己的路				
性 格		活泼开朗，热情上进，有爱心，有责任心，有耐心				
教 育		2008.9—2012.7　海南大学　对外汉语1班　　班长 2005.9—2008.7　海南市华侨中学　高中				
奖项与成果		2009-2010年度　海南大学　　一等奖学金				
重要实践		**1- 香港迦南幼稚园** 2013年8月至2016年5月，在香港迦南幼稚园担任普通话老师，在任职期间，认真备课、积极准备教具，让学生在歌曲和游戏中无形地学习普通话，提高了学生学习普通话的兴趣和积极性。过程中并通过歌曲方式让学生接触中国唐诗和故事的形式让学生趣味性地了解中国文化和氛围。				

2- 在学校期间曾参与对留学生进行汉语教学的任务

任务过程中曾先后对韩国人，日本人，和俄罗斯人进行教学，耐心，温和的指出他们口语中的不足之处，使得他们的口语得到提高。同时也系统地学习了普通话的教学方法，目标和任务，以便更好及深入进行普通话的教学。

4- 北京万紫千红房产海南分公司

2011年10月在海南万紫千红房产海南分公司担任经理秘书一职，在就职期间负责整理资料和应聘及人员安排，并积极配合上司，完成日常工作和监督职员完成主要工作，从中学到管理阶层领导知识，和上下级相处融洽，具有团队意识，和谐的工作氛围使工作进行的更加顺利。

6-中国移动

2010年7月在海南中国移动公司担任移动客服人员，工作热情大方，能够耐心的为用户解答疑难，不急躁不暴跳，以专业的态度，良好的修养来面对工作，在工作过程中学会待人接物都应有耐心，友好。

7-海尔集团

2009年11月在海尔公司兼职海尔冰箱销售代表，在兼职期间，面对客户热情大方，以客户的实际需求出发，满足客户的实际需要，口才流利，说话大方。从公司的产品出发，再加上本身的素质修养，成为一名成功的销售代表。

第二章

推荐信指南

寻求写推荐信的对象和方式

1. 让合适的人来推荐你

许多学生会犯这样的错误：从有权有势的远房亲戚那里得到推荐信。这个策略经常会适得其反。你姑姑的邻居的继父也许认识比尔盖茨，但比尔盖茨不了解你，不能写出一封有意义的推荐信。这类名人推荐信会让你的申请看起来很肤浅。最佳的推荐人是同你一起工作过的老师、教练和导师。选择那些能够详细描述你在工作中所体现出热情和能力的人。

2. 礼貌地请求

记住，你是在寻求帮助。你的推荐人有权拒绝你的请求。不要认为某人有义务为你写推荐信，要知道写推荐信会占用大量时间，更何况你的推荐人已经有一大堆事情要做。当然，大多数老师会为你写推荐信，但在请求时应该附上合适的感谢词以表达你的感激之情。

3. 留出充分的时间

如果截止日期是周五，不要在周四才想起你的推荐信。尊重你的推荐人，给他/她最少几周的时间完成你的推荐信。你的请求已经加重了推荐人的负担，最后一刻的请求是一个更大的负担。

4、 提供详细的说明

确保你的推荐人知道推荐信什么时候截止，应该寄往哪里。而且，一定要告诉推荐人你上大学的目标，这样他们可以在信里重点强调相关问题。

5、 提供邮票和信封

你想让写信的过程对推荐人来说尽可能轻松。一定要给他们写好地址、贴上邮票的信封。这一步可以确保你的推荐信被寄往正确的地方。

6、 不要怕提醒你的推荐人

一些人做事拖延，而其他人健忘。你不想对任何人唠叨，但如果你觉得自己的推荐信还没被写好，偶尔的提醒是必要的。你可以用礼貌的方式去提醒。避免语气太过强硬，比如"史密斯先生，你写完我的推荐信了吗？"。而是要礼貌地说："史密斯先生，再次感谢您帮我写推荐信。"如果史密斯先生确实还没有写，你已经帮助他记起了自己的责任。

7、 寄送感谢贺卡

在推荐信被写完并且寄出去之后，随即对你的推荐人表示感谢。一张简单的卡片就可以表明你重视他们的付出。这是个双赢的结果：你表现出成熟和负责，而你的推荐人则觉得备受感激。

写好推荐信的步骤

您是否不知道如何写好一篇推荐信，告诉您一个简单的撰写程序。

第1步

高中开始时就要努力学习，这样你就会有好的成绩，而你的老师对你才会有好的印象。

第2步

课上多问老师问题，无论是课间或课后，这样老师们才会对你个人有所了解。这些问题同时也能帮助你更好地理解课程内容并提高你的成绩。

第3步

参加课外活动，如篮球，足球，辩论队，剧团，及高中乐队等。这些中的多数都是同高中老师指导的，这也是更好地去了解你的老师的一个好办法。同样地，老师们也会看到你有创造力，富有激情的一面。

第4步

自愿帮助你的老师, 高中校长, 行政管理人员等。不管无报酬, 自愿服务
都是一个很好的机会, 并且能展现你是一个非常负责, 仔细周到并专业的
人。

第5步

在大学申请的第一次截止日期前的3-6个月里, 列出可能给你一封不错推荐
信的老师名单。
和你关系不错或者在他的课上给了你很高成绩的老师是理想的选择。

第6步

并不是所有的推荐信都要来自于教过你的老师。
比如, 如果一个大学要求3封推荐信, 你可以从你兼职工作的老板那里得到
一封推荐信。

第7步

一些大学要求你提交私人推荐信, 比如一个好朋友写的推荐信。他们希望
了解一个学生在私人生活里的行为, 从而推断你在学校里的表现。

第8步

确保在大学申请的第一次截止日期前的3-6个月里，向老师索要推荐信。老师要给成打的学生写推荐信，出于礼貌要尽可能早的给他们留出时间来完成这封推荐信。

第9步

请牢记你所要申请学校的推荐要求。很多电子版申请会给你的老师提供一个链接以用于填写推荐信。有的可能允许你上传PDF格式的文件。还有的将需要提供书面材料。

第10步

在向你老师要求推荐信并得到其确认之后的几天时间里，你需要发电子邮件通知他们接下来所要做的。首先，用以上的要求清单，写一封单独的电子邮件给每个你的推荐人，并且告知他们写信时需要参照的详细说明。你要指出是哪所大学需要该推荐信，并告知填写各个大学推荐表格时所要遵循的步骤。

请回答问题

1. 留学推荐信最好请谁来写？

2. 求职推荐信最好请谁来写？

推荐信范文

(一)

尊敬的先生或女士：

您好，我是XXX，XXX公司的总经理。得知我公司优秀员工XXX想要出国深造，我感到非常高兴和无比欣慰。这样一个上进的年轻人应该接受良好的教育拥有更辉煌的未来。因此，我很荣幸向贵校强烈推荐这位优秀青年。

XXX曾在大四的时候来我公司报告实习。他利于闲暇时间大量阅读参考有关业务的书籍，虚心向其他员工请教。渐渐地，他开始精通各项业务，并取得一定成绩。对此他并没有满足更没有骄傲自大。相反，遇到难题，他仍然虚心与同事交流讨论直到找出解决方案为止。鉴于他在实习期的出色表现，我公司招收他为正式员工(通常我公司不予考虑应届毕业生)。

现在，做为我公司的一名业务精英，XXX工作更加认真，负责，努力。为所有同事树立了榜样。付出就有获得，他因此被评为本公司优秀员工，并享有高额奖金。

虽然从某种程度上来说，如此优秀的员工即将踏上留学之途是我公司的损失，但是考虑到他的前途，我依然毫不犹豫的支持他远赴贵校深造。真诚期望贵校能同样支持他，给他一个提升自己实现梦想的机会。谢谢。

总经理：XXX

（二）

学生推荐信范本：

　　兹有我校20xx级xxx专业的XXX学生去贵单位进行**实习，实习期为**年**月**日至**年**月**日。此次实习是我校为了学生更好的获得实践经验，从而更快适应社会的有效途径，对此学校高度重视学生实习工作。为此，诚恳地希望贵单位给予大力支持和协助，使学生切实圆满完成实习任务。学生在贵单位实习过程中，烦请按照贵单位规章制度的要求，对学生严格管理，并在实习结束时对学生的实习情况给予鉴定。

　　XX学校 XX年XX月XX日

（三）

尊敬的领导：

　　您好！

　　我是X大学的一名学生，即将面临毕业。

　　XX大学是我国XX人才的培养基地，具有悠久的历史，并且素以治学严谨、育人有方而著称；XX大学是全国X学科基地之一。在这样的学习环境下，无论是在知识能力，还是在个人素质修养方面，我都受益匪浅。四年来在师友的严格教益及个人的努力下，我具备了扎实的专业基础知识，系统地掌握了XXXX等有关理论；熟悉涉外工作常用礼仪；具备较好的英语听、说、读、写、译等能力；能熟练操作计算机办公软件。同时，我利用课余时间广泛地涉猎了大量书籍，不但充实了自己，也培养了自己多方面的技能。更重要的是，严谨的学风和端正的学习态度塑造了我朴实、稳重、创新的性格特点。

(四)

毕业生求职推荐信

尊敬的领导：

您好！首先感谢您在百忙之中抽出时间来阅读我学生XX的推荐信！这对一个即将迈出校门的学子而言，将是一份莫大的鼓励。

XX同学作为一名服装学院的学生，深知性命相托的重要，从踏入学校门槛的那天起，在良师的精心指导下，自己奋力拼搏，自强不息，逐渐成为了一个能适应社会要求的大学生，并为做一个知识型的社会主义建设者打下坚实的基础。

学习方面，自他进学校的第一天起，他就没有忘记自己的目的——学好知识，学会做人。在大学期间，虽然他在有些方面得到了肯定，但他真正实现自我价值还需要更加努力，读到老学到老，也就成了该生最基本的思想。

思想方面，他经过班级的初选，到系审核，再到院的批准，成了学校入党积极分子党培训中的一员，并经过学习与考核，成绩合格成为了入党积极分子。他就由一个对我们党了解一点，到了解了我们党的人。

工作方面，在寒暑假期实习中，该同学知道了事业的伟大和一个人的付出与成就。在大学生的社会实践活动中他得到了找工作比较难的启发，启发他要克服困难勇于直前。

生活方面，自从来到大学，他的生活充满了爱，充满了情。同学之间的情犹如亲情但更胜亲情，朋友之间的情犹如手足之情，就这样他爱上了大学里的每个人，每件事物。同时独立自主的生活在他的美好的大学三年中也就这样成熟了起来，他也就体会到了大学独立自主的生活是他们进入社会的生活的根本。

相信您的信任和该生的能力将为未来带来共同的机遇和成功。本人愿意推荐XX同学到贵单位工作，同时，我也相信他能胜任以后的工作岗位，建议贵单位给予任用的机会！

推荐人：XXX

XX年XX月XX日

第三章
面试思路

经典面试问题回答思路(1)

"请你自我介绍一下"

思路：

1、 这是面试的必考题目。

2、 介绍内容要与个人简历相一致。

3、 表述方式上尽量口语化。

4、 要切中要害，不谈无关、无用的内容。

5、 条理要清晰，层次要分明。

6、 事先最好以文字的形式写好背熟。

经典面试问题回答思路(2)

"谈谈你的家庭情况"

思路：

1、 况对于了解应聘者的性格、观念、心态等有一定的作用，这是招聘单位问该问题的主要原因。

2、 简单地罗列家庭人口。

3、 宜强调温馨和睦的家庭氛围。

4、 宜强调父母对自己教育的重视。

5、 宜强调各位家庭成员的良好状况。

6、 宜强调家庭成员对自己工作的支持。

7、 宜强调自己对家庭的责任感。

经典面试问题回答思路(3)

"你有什么业余爱好？"

思路：

1、业余爱好能在一定程度上反映应聘者的性格、观念、心态，这是招聘单位问该问题的主要原因。

2、最好不要说自己没有业余爱好。

3、不要说自己有那些庸俗的、令人感觉不好的爱好。

4、最好不要说自己仅限于读书、听音乐、上网，否则可能令面试官怀疑应聘者性格孤僻。

5、最好能有一些户外的业余爱好来"点缀"你的形象。

经典面试问题回答思路(4)

"你最崇拜谁？"

思路：

1、最崇拜的人能在一定程度上反映应聘者的性格、观念、心态，这是面试官问该问题的主要原因。

2、不宜说自己谁都不崇拜。

3、不宜说崇拜自己。

4、不宜说崇拜一个虚幻的、或是不知名的人。

5、不宜说崇拜一个明显具有负面形象的人。

6、所崇拜的人人最好与自己所应聘的工作能"搭"上关系。

7、最好说出自己所崇拜的人的哪些品质、哪些思想感染着自己、鼓舞着自己。

经典面试问题回答思路(5)

"你的座右铭是什么？"

思路：

1、座右铭能在一定程度上反映应聘者的性格、观念、心态，这是面试官问这个问题的主要原因。

2、不宜说那些医引起不好联想的座右铭。

3、不宜说那些太抽象的座右铭。

4、不宜说太长的座右铭。

5、座右铭最好能反映出自己某种优秀品质。

6、参考答案——"只为成功找方法，不为失败找借口"

经典面试问题回答思路(6)

"谈谈你的缺点"

思路：

1、不宜说自己没缺点。

2、不宜把那些明显的优点说成缺点。

3、不宜说出严重影响所应聘工作的缺点。

4、不宜说出令人不放心、不舒服的缺点。

5、可以说出一些对于所应聘工作"无关紧要"的缺点，甚至是一些表面上看是缺点，从工作的角度看却是优点的缺点。

经典面试问题回答思路(7)

"谈一谈你的一次失败经历"

思路：

1、不宜说自己没有失败的经历。

2、不宜把那些明显的成功说成是失败。

3、不宜说出严重影响所应聘工作的失败经历，

4、所谈经历的结果应是失败的。

5、宜说明失败之前自己曾信心白倍、尽心尽力。

6、说明仅仅是由于外在客观原因导致失败。

7、失败后自己很快振作起来，以更加饱满的热情面对以后的工作。

经典面试问题回答思路(8)

"你为什么选择我们公司？"

思路：

1、面试官试图从中了解你求职的动机、愿望以及对此项工作的态度。

2、建议从行业、企业和岗位这三个角度来回答。

3、参考答案——"我十分看好贵公司所在的行业，我认为贵公司十分重视人才，而且这项工作很适合我，相信自己一定能做好。"

"对这项工作，你有哪些可预见的困难？"

思路：

1、不宜直接说出具体的困难，否则可能令对方怀疑应聘者不行。

2、可以尝试迂回战术，说出应聘者对困难所持有的态度——"工作中出现一些困难是正常的，也是难免的，但是只要有坚忍不拔的毅力、良好的合作精神以及事前周密而充分的准备，任何困难都是可以克服的。"

经典面试问题回答思路(10)

"如果我录用你，你将怎样开展工作"

思路：

1、如果应聘者对于应聘的职位缺乏足够的了解，最好不要直接说出自己开展工作的具体办法。

2、可以尝试采用迂回战术来回答，如"首先听取领导的指示和要求，然后就有关情况进行了解和熟悉，接下来制定一份近期的工作计划并报领导批准，最后根据计划开展工作。"

经典面试问题回答思路(11)

"与上级意见不一是,你将怎么办?"

思路:

1、 一般可以这样回答"我会给上级以必要的解释和提醒,在这种情况下,我会服从上级的意见。"

2、 如果面试你的是总经理,而你所应聘的职位另有一位经理,且这位经理当时不在场,可以这样回答:"对于非原则性问题,我会服从上级的意见,对于涉及公司利益的重大问题,我希望能向更高层领导反映。"

经典面试问题回答思路(12)

"我们为什么要录用你?"

思路:

1、 应聘者最好站在招聘单位的角度来回答。

2、 招聘单位一般会录用这样的应聘者:基本符合条件、对这份共组感兴趣、有足够的信心。

3、 如"我符合贵公司的招聘条件,凭我目前掌握的技能、高度的责任感和良好的适应能力及学习能力 ,完全能胜任这份工作。我十分希望能为贵 公司服务,如果贵公司给我这个机会,我一定能成为贵公司的栋梁!"

经典面试问题回答思路(13)

"你能为我们做什么?"

思路:

1、 基本原则上"投其所好"。

2、 回答这个问题前应聘者最好能"先发制人",了解招聘单位期待这个职位所能发挥的作用。

3、 应聘者可以根据自己的了解,结合自己在专业领域的优势来回答这个问题。

经典面试问题回答思路(14)

"你是应届毕业生,缺乏经验,如何能胜任这项工作?"

思路:

1、 如果招聘单位对应届毕业生的应聘者提出这个问题,说明招聘单位并不真正在乎"经验",关键看应聘者怎样回答。

2、 对这个问题的回答最好要体现出应聘者的诚恳、机智、果敢及敬业。

3、 如"作为应届毕业生,在工作经验方面的确会有所欠缺,因此在读书期间我一直利用各种机会在这个行业里做兼职。我也发现,实际工作远比书本知识丰富、复杂。但我有较强的责任心、适应能力和学习能力,而且比较勤奋,所以在兼职中均能圆满完成各项工作,从中获取的经验也令我受益非浅。请贵公司放心,学校所学及兼职的工作经验使我一定能胜任这个职位。"

经典面试问题回答思路(15)

"你希望与什么样的上级共事？"

思路：

1、通过应聘者对上级的"希望"可以判断出应聘者对自我要求的意识，这既上一个陷阱，又上一次机会。

2、最好回避对上级具体的希望，多谈对自己的要求。

3、如"做为刚步入社会新人，我应该多要求自己尽快熟悉环境、适应环境，而不应该对环境提出什么要求，只要能发挥我的专长就可以了。"

经典面试问题回答思路(16)

"您在前一家公司的离职原因是什么？"

思路：

1、最重要的是：应聘者要使找招聘单位相信，应聘者在过往的单位的"离职原因"在此家招聘单位里不存在。

2、避免把"离职原因"说得太详细、太具体。

3、不能掺杂主观的负面感受，如"太幸苦"、"人际关系复杂"、"管理太混乱"、"公司不重视人才"、"公司排斥我们某某的员工"等。

4、但也不能躲闪、回避，如"想换换环境"、"个人原因"等。

5、不能涉及自己负面的人格特征，如不诚实、懒惰、缺乏责任感、不随和等。

6、尽量使解释的理由为应聘者个人形象添彩。

7、如"我离职是因为这家公司倒闭。我在公司工作了三年多，有较深的感情。从去年始，由于市场形势突变，公司的局面急转直下。到眼下这一步我觉得很遗憾，但还要面对显示，重新寻找能发挥我能力的舞台。"

同一个面试问题并非只有一个答案，而同一个答案并不是在任何面试场合都有效，关键在于应聘者掌握了规律后，对面试的具体情况进行把握，有意识地揣摩面试官提出问题的心理背景，然后投其所好。

第四章
面试经典题目六十问

1. 请介绍一下你自己。

示例回答

　　我毕业于韩国首尔大学，是一个新闻专业的学生。我很喜欢我的专业，专业成绩也很好，我的理想就是成为一名优秀的记者。在上学期间，我参加了学校的新闻社团，采访和编写了很多社会新闻，写过多篇新闻稿件，并多次获得了学校的奖励。我的毕业论文重点写的是新媒体的特点，我对此很感兴趣，并做过大量的社会调查。可能是学习新闻专业的原因，我一般会比较关注身边的人和事，特别是对社会新闻和热点问题更加关注。我觉得我是一个比较善于观察，比较敏感的人，同时也是一个喜欢变化和挑战的人。我不太喜欢一成不变的生活，我非常渴望学习新知识，认识新朋友，让自己不断进步和成长。业余时间，我的兴趣也比较广泛。我喜欢看书，看电视新闻，也喜欢体育活动。我还想走遍世界各地，去增加自己的见识，去了解不同国家人们的生活，并且把它们记录下来。我希望自己是一个永远有激情，有梦想的人。我也相信我一定能实现自己的梦想。

语法点

毕业于... : 에서 졸업하다，类似语法还有"就职于"等。

例句：

他毕业于北京清华大学。

小张就职于三星电子。

2. 你最突出的优点是什么？

示例回答

　　关于我的优点，我确实没有仔细想过，不过我认为我的某些特点对我的工作帮助还是比较大的。首先我比较善于发现问题、解决问题。比方说，我们公司有鼓励员工提建议的制度，在两年的工作中我提出了10多条改善提案)。然后我还比较有条理，我的个人物品和工作文件都很有规律，我不在办公室的时候，同事们很容易就能找到他们想要的文件，包括电脑上的文件。这使我在工作时更有效率。

语法点

首先…, 然后… : 列举两方面内容时常用的连词。

例句：

每天起床后我首先洗漱，然后吃早饭。

我选小明当班长，首先是因为他很有责任感，然后他和同学的关系都很好。

3. 你最大的弱点/缺点是什么？

示例回答

　　我是一个刚毕业的学生，我觉得我最大的弱点是对社会的了解和认识不多，社会经验比较少，所以有的朋友说我过于单纯，对人过于轻信。但我觉得，真诚待人、诚信做事应该还是要坚持的。当然，我有时会只凭直觉和热情去做事，把事情想得太简单，或者做事情的时候考虑得不太全面，不怎么重视细节。不过我现在已经意识到了自己的不足，正在努力克服这些缺点。我相信，随着越来越多地接触社会，我会尽快了解和适应社会的需求，并让自己逐渐成熟和进步。

语法点

过于…：너무，后面加形容词，变现贬义。

例句：

你过于聪明了。

过于热情会让人觉得不便。

4. 你有哪些特长?

　　说到特长, 对于我来说, 可以称之为"特长"的应该是"辩论"。在大学期间, 我把大多数业余时间都用在了辩论上。它也带给我很多东西, 一个是提高了我语言表达的能力, 并且我通过参加辩论活动习惯了在众人面前前说话。二是它带给我的是较好的记忆力和学习能力, 我经常要在很短的时间内准备很多与本专业相关不大的材料并且迅速记忆下来; 三是它加强了我的团队协作能力。我也会把我的这些长处运用到我今后的工作中去。

语法点

一是..., 二是..., 三是..., 列举多方面内容是常用的连词。

例句:

中国有四个直辖市, 一是北京, 二是上海, 三是天津, 四是重庆。

我想跟她结婚有三个原因:一是她很善良, 二是她长得漂亮, 三是她家很有钱。

5. 你认为你曾经做过的最有成就感的事是什么？

示例回答

  是在上大学的时候，我参加了学校的话剧社。记得第一次参加演出以前，我和我的同伴们因为经验不足，虽然付出了很多努力，但演出效果一直不理想，差点儿就放弃了。但最后在老师和学长的帮助下，不断调整剧本，完善每一个细节，在全体演员的合作下，最后演出非常顺利，并且取得了很好的成绩。现在想起来，都觉得这是一件很有成就感的事儿。这次经历也让我感受到了团队合作的重要性，也学会了很多东西。

语法点

差点儿...：거의

例句：

今天我差点儿迟到了。

这次考试他差点儿就没通过。

6. 你平时爱看什么书报杂志？

示例回答

　　说到书报杂志，因为我比较关心时事政治，所以我比较喜欢看《人民日报》、《光明日报》、《文汇报》等。另外现在的网络资源也很发达，我还订阅了不少与政治相关的微信公众号以及微博博主，比如说"强国论坛"等等。这些增长了我的见识，也让我养成了思考的习惯。

语法点

与...相关：...와 연관되다
例句：
科学家认为环境和气候相关。
不动产的价格与国家的政策相关。

7. 你的业余生活是怎么度过的？

示例回答

　　平时周末或假日的时候，我喜欢听听音乐，看看电影。中国电影和韩国电影我都喜欢。有的时候还会和朋友一起去打棒球。我最喜欢看棒球比赛。只要有机会，我就会去现场看棒球比赛，到棒球场上去大喊一番，什么烦恼都会忘掉。我也喜欢看书。我比较喜欢哲理方面的书籍和名著。看书不仅让我内心平静，还能增长知识，增加阅历。

语法点

只要...就... : 只要[充分条件],.就[一定出现的结果]

例句：

只要努力，就能学好汉语。

只要你原意付出，就能赢得她的心。

8. 你除了专业课, 最喜欢的课是什么?

示例回答

  除了专业课以外, 我比较喜欢上的是外语课。这是因为我认为外语是现代人才必备的能力。除了英语之外, 我目前还在学习韩语和日语。我在大学期间就一直在学习, 现在韩语已经通过了韩语TOPIK 4级的考试, 现在准备试试考日本语能力测试N1。

语法点

除了...：... 제외하다

例句：

因为下雪, 全城大堵车, 除了科长, 大家都迟到了。

除了英语, 我还学过一点儿日语和西班牙语。

9. 你认为你是一个什么样性格的人？

　　我的性格也是多面性的。平时，我下班以后愿意一个人静静地独处，在家里看看书，听听音乐等。但周末的时候我也会和朋友们一起聚会或旅游。我觉得每个人都有自己的性格，我的朋友中有性格内向一些的，也有外向一些的，我们都相处得很好。所以，我有较强的适应力和沟通能力，对新的环境和同事能很快适应。朋友们都说我这个人很有亲和力，人缘儿不错，遇事不急不躁，待人温和，处事公道。总的来说，热爱生活、热情好学、以及良好的沟通协调能力是我的最大的特点。当然，我也有很多缺点，由于年龄的关系，我看问题不够深入，有时做事有些急躁，不过我能够虚心听取意见，也能及时做出改进。

语法点

人缘儿：좋은 대인 관계
例句：
他在公司里很有人缘儿。
因为性格不好，他没什么人缘儿。

10. 你平时喜欢阅读哪方面的书？

示例回答

　　我对小说比较感兴趣，尤其是侦探推理类型的小说。我很喜欢看《福尔摩斯探案集》，还有东野圭吾的小说。这些小说能让我在放松之余还能学到很多知识，也能锻炼我的逻辑推理能力。另外我还对古代诗词很感兴趣，唐诗宋词是中国文化的顶峰，我觉得读诗是一种美的享受。

语法点

对...感兴趣：...에 관심이 있다.

例句：

我对历史很感兴趣。

从入职以来的表现看，你好像对工作不感兴趣。

11. 你有过实习或工作的经验吗？有哪些经历？有哪些收获？

示例回答

　　上大学的时候，利用假期的时间，我在一家饭馆工作了三个月。我的工作任务主要是负责接待顾客。这个工作需要热情、机智和应变能力，特别是要学会尊重顾客，满足顾客的要求，并帮助解决顾客提出的一切问题。在这三个月中，我不仅积累了实践经验，提高了与人的沟通能力，而且也学到了很多人生经验，可以说几乎尝遍了人生中的酸、甜、苦、辣各种味道，学会了很多以往在学校里学不到的知识。另外，我也体会到，不管做什么工作都要真心投入，用真诚对待，就好像厨师做汤一样，只有把自己的感情融入进去，才能做出一道好汤。

语法点

不仅...而且... : ...뿐만 아니라 ...하다.

例句：

她不仅漂亮，而且聪明。

在学习他不仅努力学习，而且很重视体育锻炼。

12. 你欣赏什么样性格或能力的人？

示例回答

　　我比较欣赏平易近人的、自信的，同时又具有很高的办事效率和幽默感的人。我觉得在工作中与这样的人合作起来比较轻松，又能很快很好的完成工作，而且可以帮助我成长。我也希望自己能成为这样的人。

语法点

欣赏... 因为某人的能力而喜欢的时候，常常使用"欣赏"。
例句：
小明有很强的工作能力，领导很欣赏他。
小张以他认真负责的工作态度得到大家的欣赏。

13. 为什么选择报考我们学校？

示例回答

我是通过查阅该校的网站，还有老师和学长的推荐，了解到该校的一些基本情况的，可以说我是慕名而来的。该校拥有很多知名的教授，学术水平非常高，在社会上有着良好的声誉。最重要的是我要报考的专业正是该校最有优势的的专业。从我看到的最新资料显示，贵校目前的学术水平和科研成果均位于世界名校的前列。所以我相信，在这里，我一定能学到更多更前沿的专业知识，可以帮助我认识世界各地的顶尖学者和学生。在这所大学，一定能帮助我更快地进步，实现我的梦想。

语法点

贵校：谈话中常用"贵"来表示对对方的尊敬。
例句：
请问，贵公司的报价是多少。
我打算下个月去贵国访问。

14. 你曾经面临过的挑战或困难是什么？

　　学习中难免会遇到困难，一般情况下我都会在网上学习或者请教老师或同学，我自认为我的学习能力还是可以，所以困难也都迎刃而解，也就没觉得有多大的困难。不过刚上大一时，因为我的故乡在南方，刚来北京的一段时间水土不服，经常生病，那段时间感觉很痛苦，很想家。幸亏老师和同学们都热心地帮助我，让我很快就适应了新的环境。

语法点

幸亏：다행히

例句：

幸亏你来了，要不我们都不知道怎么办了。

幸亏今天出来得早，不然准得迟到。

15. 为什么选择报考这个专业？

示例回答

　　我从小就很喜欢研究电脑，并且有着强烈的兴趣。特别是电脑出现故障的时候，当我自己把它修好的时候，心情会变得特别好，很有成就感，因此我选择了信息技术专业。在大学学习期间，我只是掌握了一些基础的知识，但随着信息技术广泛深入地应用于科技、教育、经济和管理等各个领域，我非常渴望学习更多的知识。与本科生相比，研究生的知识范围更广，更专业，视野更开阔，我相信，报考这个专业，会是我实现自己梦想的最重要的一步。所以，结合个人的兴趣和社会发展地需要，我选择了这个专业，并且愿意把它作为我毕生的职业。

语法点

特别是：특히，强调某个对象。

例句：

很多国家在这次疫情中表现出色，特别是台湾。

他各科的成绩都很好，特别是数学，每次都是全班第一。

16. 你对我们学校有哪些了解？

示例回答

　　贵校一直是我特别憧憬的一所学府，根据我的了解，她创建于1900年，是一所以理工科为特色的学校，我特别喜欢贵校的校训"厚德载物自强不息"，并且我想报考的土木工程专业也是重点学科。

　　我在去年9月份预报名之前就了解过贵校，贵校属于国家一级学科大学，但真让我选择贵校的，是因为这里学习氛围浓厚，其他硬件上可以短时间内创造，但浓厚的学习氛围和校训校风需要历史的沉淀。环境影响人，我觉得在这里我能成为更好的自己。

语法点

憧憬：기대, 기대하다
例句：
她对婚姻生活有着美好的憧憬。
年轻人都常常憧憬未来。

17. 介绍一下你自己的专业学习的情况。

示例回答

    我的专业是学前教育。以前我认为这个专业一定很轻松，但经过学习之后，才发现其实并不是这样的。由于以后要面对的是3-6岁的儿童，所以这个专业的要求其实还是很高的。教师要学习儿童心理学、教育学等专业知识，另外还必须多才多艺，样样精通。在学习期间，我学习了各门功课，也学会了唱歌、跳舞、画画、弹钢琴等基本技能。我也曾经到幼儿园进行了三个月地实习，和可爱的孩子们在一起，感到很快乐很充实。现在，我越来越喜欢这个专业了。并且希望能继续学习更多的知识，不断扩大自己的视野，将来做一个优秀的幼儿园教师。

语法点

其实：사실..., 常表示和原来的看法相反或不同。

例句：

别看他韩语说得很好，其实他是中国人。

我其实根本不想出国留学，是父母强迫我来的。

18. 你对这个专业的研究方向有哪些了解？

示例回答

　　据我所知，目前武汉大学中文系的对外汉语研究生专业中比较热门的研究方向主要有：汉语作为第二语言的习得研究；对外汉语教学的理论与方法研究；面向对外汉语教学的汉语本体研究；面向对外汉语教育的文化研究。这些方向都是研究教留学生汉语，但是研究的侧重面是有所不同的。

　　比如"汉语作为第二语言的习得研究"重点研究学生的习得过程。重点在学生，好比我们所谓教学双方中的"学"的那一方。"对外汉语教学的理论与方法"研究重点研究老师在教学过程中所用的理论与方法。重点在"教"的这一方。"面向对外汉语教学的汉语本体研究"，其实本质上还是在于汉语自身，并不研究教学法，也不研究学习法。而是研究汉语本身的语法体系。面向对外汉语教育的文化研究当然就是在对外汉语教育中可能涉及的文化问题如跨文化交际等进行研究。

语法点

在于... : 用于强调某重要的方面。

例句：

学外语在于坚持。

这件事能不能成功在于领导的态度。

19. 你希望通过学习，了解哪些专业方面的知识？

示例回答

　　我报考的是经济管理专业，这是一门理论性和应用性都很强的专业，也是一门综合性学科。我希望通过学习，一方面了解专业理论知识，比如经济管理，企业管理，财务管理等，另一方面，也想结合目前世界的经济发展现状，了解更多地较为实用和前沿的知识，比如电子商务、对外贸易等。学无止境，只有自己了解地越多，越深入，视野才能越开阔，将来才能学以致用。所以，我会珍惜每一次学习的机会，努力学习各门知识，不断充实自己，使自己尽快成为专业方面的优秀学生。

语法点

通过：…… 통해 ….

例句：

通过努力，他提高了学习成绩。

通过朋友的帮助，他很快适应了国外的生活。

20. 在本科阶段你最喜欢哪门课？

示例回答

　　在本科阶段我最喜欢的课是教育心理学，一开始看似有点枯燥，但是进一步学习之后会发现很多的理论在实际生活和学习中也是十分具有指导意义的，对我的帮助很大。

语法点

看似：... 보인다

例句：

天看似要下雨了。

看似你还不知道这件事。

21. 你是利用哪些方式进行论文或课题的研究的?

示例回答

在做毕业论文时, 我采用了很多方法。一是进行实地调查。我到一所中学进行了一周的实习和调查, 给老师和学生发放了调查问卷, 然后进行了统计分析, 调查的过程尽管很辛苦, 但结果还是非常令人满意的, 也得到了老师的肯定。另外, 我还和同伴一起在实验室做了两个实验, 实验的过程也很复杂, 但终于比较顺利地完成了。同时, 我还利用学校图书馆和网络查阅了很多专家的最新的研究成果。在研究的过程中, 我得到了老师的耐心指导, 也学会了很多研究方法, 所以感到收获很大。

语法点

终于: 마침내

例句:

经过三个月的努力, 他终于完成了这个任务。

我终于毕业啦!

22. 你参与过哪些课题或项目？

示例回答

在本科阶段我曾经参与了"独生子女的孤独感调查"的课题研究，这个课题是一个市级课题，主持人是北京大学的张博文教授，我主要做的工作是数据的收集和整理，以及作品的收集和管理。从中我开阔了眼界，学到了很多实用性的知识和技能。

语法点

开眼界 : 시야를[견문을] 넓히다.

例句 :

我在这次参过中大开了眼界。

你应该出国去开开眼界。

23. 你以后的职业目标是什么？想从事什么样的工作？

示例回答

    我很希望能从事中国和韩国之间的贸易交流的工作。因为，一方面和我的专业比较一致，另外，因为我是一个比较喜欢接触新鲜事物的人，喜欢探索自己未知的事情，喜欢富于挑战性的工作，所以，我确立了这样一个职业目标。我希望自己毕业以后，无论是在中国也好，在韩国也好，如果能从事中韩贸易方面的工作，能促进中韩两国之间的经济沟通和人民之间的交流，我都会非常乐意去做的。我相信，自己一定会努力胜任自己的工作。当然，除此以外，我还希望能有一个优秀的团队，有良好的工作环境。总之，我会把我所有的知识和能力奉献给我所喜欢的事业。

语法点

A也好，B也好，都…：与AB条件无关，结果不便。

例句：

中国人也好，韩国人也好，都很重视孝道。

你来也好，不来也好，我都无所谓。

24. 你对研究生学习期间有哪些学习的规划？

示例回答

　　首先我要好好学习专业课，把自己不足的地方充实起来。其次我还想多参加一些学术会议和学术论坛，开拓自己眼界和思维。最后就是想跟着导师好好的做研究，学习更多知识，完成几篇好的论文。

跟着

语法点

首先...，其次...，最后...：列举几个原因或理由时常用的连词。

例句：

我为什么不结婚呢？首先我还年轻，想多玩儿几年；其次我还没有什么积蓄，最后是因为还没有遇到让我动心的。

25. 你认为自己本科专业和现在所考的专业有什么互补性或者借鉴性?

示例回答

　　我本科学习的专业是汉语教育,现在我报考的专业是国际贸易专业。虽然是两个不同的专业,但我认为掌握的知识面越广,才会让我的视野更开阔。最重要的是,学习这个专业能发挥我的特长,也非常适合我的兴趣。上大学期间,我的汉语水平提高的很快,我也曾利用暑假到过中国的上海、北京等几个城市,所以对中国人的生活和经济以及中韩贸易等有一些了解。中国和韩国是近邻,并且贸易往来非常频繁,我想,利用汉语的优势和国际贸易专业的知识,我将有志于从事中韩之间贸易往来的工作。我感到这样的工作是很有意义的。

语法点

利用... : 이용하다
例句:
这辆车是利用电力驱动的。
他利用假期去打工挣钱。

26. 如果这次面试没有通过, 你有什么打算?

示例回答

    为了准备这次的考试, 其实我已经努力了很久, 付出了很多, 最后如果没有被录取肯定会有些伤心的, 不过事后我会认真反省自己的不足, 调整好状态, 再做后期的打算。

语法点

不过... : 그러나. 하지만. 语气上比"可是"轻。

例句:

马上要下雨了, 不过不要紧, 我带雨伞了。

他很喜欢小丽, 不过一直不好意思表白。

27. 你读过哪些书，哪些著作，哪些期刊?

示例回答

　　我报考的专业是汉语国际教育专业。我阅读的专业类书籍有朱德熙《语法讲义》何九盈《中国汉字文化大观》陆俭明《现代汉语语法研究教程》等，阅读的期刊有《语言教学与研究》《世界汉语教学》《语言文字应用》《海外华文教育》等。阅读这些专业资料，增长了自己的专业知识，扩大了知识面，提高了自己的专业水平。

　　除了专业书籍以外，平时，我还喜欢阅读历史类和伟人传记类的书籍。通过阅读，我更多地了解了中国的历史和文化，也能从更多元的视角去看待专业上的知识。同时，主人公身上的优秀品质也深深影响到了自己的人生观和价值观，使我学到了很多做人的道理，所以对我的人生有很大帮助。

语法点

使... : ...하게 하다.
例句：
这使我很伤心。
这次失败使他重新认识了自己。

28. 你认为跨专业的优势和劣势是什么?

示例回答

　　我觉得优势是不同的专业有不同的思维习惯和模式,跨专业的思维会更开阔更活跃;我还学过美术,在设计软件的使用和色彩的运用、设计上有一定的见解,这些可以用在以后可视化新闻、交互式界面的制作中。脑洞大开,经常会有一些天马行空的点子和想法。不过我知道我的劣势也很明显,就是专业基础较为薄弱。另外,平时专业上的写作训练和期刊、学术专著的阅读量上有一定的不足,在论文的写作上可能会存在不足。如果有幸能被录取,我会立即和未来的导师联系,有针对性地补充知识和训练能力。

语法点

另外...:补充说明某内容。

例句:

你去买几瓶啤酒,另外再买几斤肉吧。

他个子高、颜值高,另外还很有钱。

29. 你在本科期间有论文发表吗?

示例回答

　　在本科期间, 我发表过论文, 我的主要研究方向是工业基础设计方向的。为了研究课题, 我不仅阅读了专业书籍, 而且经常到图书馆去阅读大量与专业相关的资料, 到有关企业了解目前的实际应用情况, 并且根据自己所研究的内容, 对企业的生产提出了一些很好地建议。所以, 自己感觉对这部分内容还是比较感兴趣, 也比较了解的。通过广泛地阅读和实践, 使自己的理论知识更加扎实, 视野也更加开阔了, 当然, 本科阶段的学习和研究都比较基础, 认识也比较粗浅, 我非常希望继续学习更多的知识, 在这一领域深入研究下去。

语法点

根据...: ...에 따라

例句:

根据主流媒体的说法, 拜登赢得了2020年的总统大选。

请根据会议上大家的意见再修改一下计划吧。

30. 请你简单说说你的毕业论文。

示例回答

    我的毕业论文题目是《独生子女的孤独感研究》，导师是王伟忠教授，主要研究的问题是独生子女，因为我在学习的过程中发现，目前教育学专业在这一方面的研究还是相对较少的，然而目前这一问题的矛盾相较还是比较突出的，而且我也对这个问题感兴趣，所以在请教过我的导师后开始撰写。在研究的过程中，我主要使用的观察法、问卷调查法和个案研究法。针对研究的问题我提出了一些解决方法，比如样本的选择。最后我的毕业设计得到了老师们的好评，得到了A的成绩。

语法点

然而...：그러나

例句：

他做了很多准备，然而考试却没有通过。

她年轻貌美多金，然而不是我的菜。

31. 研究生毕业后打算如何？求职还是深造?

示例回答

　　研究生毕业后，我希望将来从事与专业相关的工作。因为我觉得我目前所学习的这个专业属于应用性比较强的专业。经过研究生专业阶段地学习，掌握了较扎实地理论基础之后，我想先到基层去实践一下，这样，理论结合实际，学以致用，才能进步地更快。当然，如果在实践中感到自己知识储备不足，力不从心的时候，我也可能会重新走入校园进行深造。学无止境嘛，个人的目标也是会不断调整的。我希望自己能在不断学习，不断实践中提升自己的专业水平和各方面的能力。

语法点

...嘛：口语中引用名言或者公理，常使用"...嘛"
例句：
早点儿起床去自习怎么样？一日之计在于晨嘛。
我一定要坚持锻炼，生命在于运动嘛。

32. 为什么要考研？

示例回答

　　我之所以选择考研，首先是因为兴趣使然，还记得当初毅然决然地决定考研，是因为在大学长达三年的职业生涯规划摸索后，一次偶然的实习经历中，我接触到了互联网产品经理(PM)这个职位，深入了解PM后，我就立志要做一个优秀的产品经理。而我在大量的咨询和调查后发现，国内的互联网产品经理在大学里是没有与之对应的专业的，很多PM都是从运营和技术转型过去的。所以后来的跨考考入新闻传播学，从掌握具体的传播理论等起步，一切都顺理成章的继续着。

语法点

之所以[结果]，是因为[原因]

例句：

我之所以生气，是因为你没有提前告诉我。

他之所以能在三十岁当上总经理，是因为他爸爸是董事长。

33. 本科期间学习了哪些课程？

示例回答

　　我的专业是汉语国际教育。本科期间，我学习了很多门专业课，比如现代汉语、汉语写作、汉韩互译、汉语教学法、语言学概论、语言教学理论、中国文学史、中国文化史等课程。通过这些学习，我掌握了专业的理论知识，提高了自己的汉语水平。另外，利用假期时间，我也到汉语培训机构进行了实习，增加了很多实践经验。所以我感到自己在上学期间生活很充实，收获也很大。我希望自己能在这一专业进一步学习和提高，将来能够在中国或韩国从事汉语教学工作或中韩两国交流方面的工作。

语法点

比如A、B、C...等：举例时常用表现。

例句：

我去过中国很多风景区，比如长白山、张家界、九寨沟等。

韩国的好吃的可多了，比如烤肉、参鸡汤、炒年糕等。

34. 你觉得自己今后研究的优势和劣势是什么?

示例回答

　　我觉得我的优势是学习能力和行动力强,有本专业的学习背景,已经跟着教授参加过相关的研究项目。这对我今后的研究会很有帮助。劣势是我的某些专业基础知识相对薄弱,不过我会在学习的过程中付出更多的努力去补足自己的不足之处的。

语法点

对...有帮助:...에 도움이되다.
例句:
看电视剧对学习汉语有帮助。
你的建议对我有很大帮助。

35. 如果这次本专业的面试没通过，你打算怎么办？

示例回答

如果这次面试没有通过，当然是非常大的遗憾。因为这个专业是我非常感兴趣的，我也非常努力，付出了很多的时间和精力。但无论如何，我都会对今天给我这次面试的机会表示感谢！通过面试，我也发现了自己存在的问题。回去以后，我会认真总结自己失败的原因，反省自己的不足，并调整自己的心态，继续规划以后的生活。我可能会重新开始，准备下一次考试，也可能会先找到一份工作，一边工作一边准备考试。因为考上这所大学是我的梦想，我将不遗余力地为实现这个梦想面努力！

语法点

一边...一边... : ...하면서 ...하다.

例句：

他一边做饭，一边听音乐。

你绝对不能一边开车，一边看手机。

36. 研究生在读期间有什么规划？

  我希望自己在读研期间能完成这七个目标：第一、可以跟导师共同参与一本著作的创作； 第二、在能力可以达到的时机，参与设计并主导完成一个项目；第三、在自己感兴趣的领域，多发表几篇有质量的论文；第四、明年的实习中，能找一个自己想从事领域真正能学到东西的公司(无所谓大小)；第五、早日开始论文选题策划，完成一篇质量相对较高的论文；第六、离校之际，拥有在专业领域一定的竞争力，顺利找到心仪的工作；第七、在校期间，努力学习，跟着导师，做一个让老师自豪让自己满意的学生。

语法点

第一，...，第二，...，第三...：列举几项内容的常用连词。

例句：

我辞职是有原因的。第一，经常加班；第二，工资也不高；第三，经理的脾气不好，经常骂人；第四，工作的内容我也不喜欢......

37. 对自己所考专业领域的最新动态有什么了解？

示例回答

　　我报考的专业是经济学专业。很多人会认为这个专业是教人如何赚钱的学科，但其实不是这样。大学期间，我阅读了很多专业书籍，对这个专业有了一定的了解。现在，我每天会通过新闻、报纸、网络等多种途径，来了解专业领域的最新动态。目前，我最关注的是随着社会的进步和经济的发展，各国都有哪些最新的经济政策，以及如何能利用自己所学的经济学理论，或者通过各类统计数据，分析和解读当前的经济政策和经济现象。我会持续关注这些问题的，并希望能在这个领域有所成就。

语法点

随着…：…에 따라

例句：

随着经济的发展，人民的生活水平提高了。

随着年龄的增长，他越来越知道父母的不容易。

38. 说一下未来几年的人生规划。

示例回答

　　未来的几年是读硕士的时间。我的计划是除了读研期间要好好学习、写论文，认真做研究以外，我还要在平时多做功课，抽时间多了解专业知识、前沿技术。另外我还想再进修一门外语，目前的计划是争取获得法语TEF四级，因为法国在本专业方面有很多前沿成果。如果能顺利完成学业，我还想继续读博士，继续深入的我的研究。

语法点

抽时间：시간을 내다.

例句：

你抽时间回老家看看父母吧。

明天你抽时间来一下我的办公室。

39. 你认为什么样的决定犹为难做?

示例回答

　　面临人生比较重大的选择的时候, 要做决定往往是比较困难的。比如选择大学或专业的时候, 或者考虑换专业的时候, 或者是在考虑继续考研还是找工作的时候, 或者是在一个单位工作了一段时间, 感觉不太合适的时候, 都需要反复考虑才能做出决定。其实, 每个人的一生都会面临很多选择, 我的态度是不畏惧选择, 也不会轻易做决定。我会根据自己的兴趣、专长和实力, 同时积极征求专业人士的意见, 并结合社会的需要, 最后再进行慎重地选择。

语法点

往往 : 때때로

例句 :

听到真相的时候, 人们往往不相信。

一些小发明往往能改变世界。

40. 我们几位导师, 你提前有了解过吗？想选择哪位当你的导师呢？

示例回答

　　有了解过, 每一位导师都是特别厉害的导师, 能见到各位我感到很荣幸。我对王伟忠教授在跨文化教育方面的研究特别感兴趣, 所以我想如果可以的话, 能跟着王教授师学习那就最好了。

语法点

如果...就... : ...하면 ...

例句：

如果明天不下雨, 我们就去登山吧。

他如果今天不能完成报告, 明天的会议就耽误了。

41. 你与现在的老板相处很久了, 为什么不继续干下去了呢?

示例回答

    我在那家公司已经三年多了, 与老板相处也很久了, 但从去年开始, 由于市场形势地变化, 公司最近倒闭了, 所以, 我也觉得很遗憾。这也让我认识到, 任何企业或个人都不会永远一成不变的, 都会遇到风险和挑战。所以我要面对现实, 希望能尽快找到一家合适的公司, 以便能更好地发展自己的才能。我相信, 只要自己有实力, 一定能寻找到新的机遇。

语法点

以便...∶...하도록

例句∶

我打开窗户, 以便让他呼吸到新鲜空气。

他每天6点出门上班, 以便避开早高峰。

42. 你认为自己的哪项技能需要加强?

示例回答

在技能方面，我相信我已具备了这份工作所需的所有技能，不过我经验不足，实际操作能力有待提高。但是我的学习能力和适应能力都挺不错的，相信很快就能接手工作。

语法点

有待提高：常用于表现某方面不足。

例句：

你的口语水平有待提高。

作为国家领导，他的文化水平还有待提高。

43. 你为什么要辞掉现在的工作?

示例回答

　　我现在的工作虽然很稳定, 条件与待遇也不错, 但问题是跟我的专业不对口, 不能发挥我的专业特长。另外, 那份工作也缺乏挑战性, 从长远考虑, 对个人的提升空间不大, 所以我才辞掉了工作。通过对贵公司的了解, 我十分赞赏贵公司的经营理念, 我认为无论是从专业的角度, 还是从贵公司的工作环境、激励机制来看, 都是很适合我的。所以希望贵公司能给我一个机会。

语法点

专业 对口/不对口:表示所学专业和工作合适/不合适。
例句:
你们公司的业务跟我的专业不对口。
虽然现在工资不高, 但是专业对口, 你未来的发展一定不错。

44. 你对薪水的要求如何?

示例回答

　　我注重的是找对工作机会, 所以只要条件公平, 我就不会计较太多。同时我相信如果公司可以看到我的表现并予以认可, 将给予我更高的重视。雇员和用人单位都应该考虑到一个长期的合作, 而对于我个人除了薪金外也还更多的关心公司对于员工的培养和职业规划的帮助。

语法点

计较:계산하여 비교하다. 口语中常表现人的性格上过分重视很别人的竞争或比较。

例句:

你不要跟孩子计较。

他这个人太计较了, 我不想和他一起出差。

45. 你认为在工作中曾遇到过的最艰难时刻是什么时候?

示例回答

　　记得刚参加工作的时候，由于自己缺乏经验，对业务流程不熟悉，再加上不会积极地与同事和上司交流，所以工作一直不太顺利，人际关系也很糟糕，自己非常苦恼。那段时间，应该是最艰难的时候吧。但之后，经过了一段时间地磨合和调整，现在已经顺利得多了。我认识到，实际工作远比书本知识更丰富和复杂，工作过程中难免会出现预想不到的困难，但只要有坚韧不拔的毅力，有良好的合作精神，任何困难都是可以克服的。那段经历也使我成熟了许多，我相信自己会越做越好的。

语法点

难免：면하기 어렵다. 피할 수 없다.

例句：

足球运动员比赛和训练时难免会受伤。

两口子过日子难免会吵架。

46. 你不认为自己的年龄应该早就升到更高的位置了吗?

示例回答

我干这份工作也是为了长远打算,要收获就必须付出,这正是我所做的。在这份工作中我已经获得了很多经验,为我今后的工作打下了坚实的基础。现在我来此应聘正是为了把学来的这些有益的东西派上用场。

语法点

打基础:기초를 닦다.

例句:

你现在打好基础,以后才能发展得更好。

父亲的严格训练给他打下了很好的基础。

47. 你的缺点是什么？
如果我们淘汰你，你认为原因是什么？

示例回答

作为应届毕业生，我的一个比较大的缺点就是只有书本知识，没有实习的经历，也缺乏社会经验。如果这次面试被淘汰了，我想这应该是一个主要的原因。但我相信每个人的成长都是从不会到会的逐渐积累的过程。虽然我没有实习的经历，但是在大学期间也参加了很多的社团组织和活动，从中获取了很多有益的经验。同时，我自认为我有较强的学习能力和责任心，我的适应能力也很强，所以希望贵公司给我一个机会，我有信心从头起步，并尽快成长起来。

语法点

虽然...但是... : 비록…,하지만….

例句：

虽然天气很冷，但是她还是穿着裙子出门了。

虽然我没有多少钱，但是我一定要让孩子受最好的教育。

48. 现在这份工作你最不喜欢的是哪一点?

示例回答

　　每一份工作都有它的特殊性, 有优势也会有不足, 对于现在这份工作, 我没有特别不喜欢的方面, 我更多的是觉得自己应该有更多的进步和提高, 才能更好的做好这份工作。比如说, 第一, 理论水平还有待提高; 第二, 工作经验也还不够丰富; 第三, 人际关系也还需要加强。总之我认为, 我们对自己所从事的工作会有不满的时候和不满的成分, 但更多的是必须意识到自己的角色, 从自己的角度去找问题, 才能更好的提高自我, 从而更好的做好工作, 实现自我价值。

语法点

总之:做结论是常用的引导词。

例句:

……。总之, 我认为金钱不是万能的。

……。总之我不同意你理论。

49. 描述一个你与人合作共同完成目标的经历。

示例回答

　　上大学的时候，我参加过一次知识竞赛活动。我们的团队有一名指导老师和四名队员。为了在比赛中取得好的成绩，我们制订了详尽的训练计划：一是在训练内容上，每名队员承担两个章节的任务；二是在训练时间上，除了个人自学的时间以外，团队每天保证一个小时的集中学习和模拟比赛。整整一个月的时间，全体成员不断磨合，不断调整，付出了大量地时间和精力，最后，在师生共同努力下，比赛取得了优异的成绩。这次比赛给我留下了很深地印象，让我学会了在交流中学会学习，品尝快乐；在协作中学会做事，分享成功。

语法点

制定计划：계획을 정하다

例句：

开始干以前，必须先制定好计划。

经理制定计划时从来不听职员们的意见。

50. 你觉得什么人在工作中难于相处?

示例回答

　　到目前为止,我觉得大多数人都是很好相处的,我更多的是得到大家的帮助,但是如果一定要说一种人的话,我觉得在工作中唯一不容易相处的是那些没有集体协作精神的人,他们不肯干事,却常抱怨,无论怎样激发他们的工作热情,他们都无动于衷。

语法点

无动于衷:느낌이 없다. 무관심[무감동] 하다.
例句:
父母为他付出了所有,可是他却无动于衷。
很多政客对百姓的痛苦无动于衷。

51. 举例说明一件在校期间你认为最有成就感和最失败的事。

示例回答

在校期间最有成就感的事就是考上了研究生。刚开始备考的时候，没有掌握好学习方法，每天学习时间很长，但是学习效率还不高。后来，我看了很多网上的考研经验贴，也找了老师和学长学姐请教经验，特别是和同班的几个同学一起交流学习方法并互相激励，慢慢地，自己的学习状态越来越好了，最后终于考上了研究生，感到收获很大。

失败的事也有。在一次实习中，我参与一项重要会议的筹备，但工作中出现了失误，差点儿使公司的形象受损，这给了我很深的教训。从那以后，我做任何事情都更认真仔细，做到多想、多听、多问、多沟通，工作效率和工作质量都明显提升了，也受到了领导地肯定。

语法点

越来越：갈수록
例句：
天气越来越冷了。
他越来越知道父母的辛苦，也越来越爱他们。

52. 你最骄傲的经历是什么？

示例回答

　　说实话，我的工作经历比较少，不过在过去的工作中，我最骄傲的是我所在的团队接到了一个紧急的工作，我们团队一起熬夜帮公司完成了一个非常复杂的电脑程序的编制。第二天交上我们完成的程序，老板都惊呆了，还给我们放了两天的假。我觉得好的同事关系比能力重要，一个人的力量永远比不上团队的力量。

语法点

熬夜：밤새움하다

例句：

我终于熬夜写完了报告。

很多学生喜欢熬夜学习，这对健康很不好。

53. 用三个词形容你的大学生活。

示例回答

我想用"专注、充实、愉快"三个词来形容我的大学生活。

一是专注。在专业学习上，我很努力而且专注。我知道，大学生的首要任务是学习，只有认真、踏实和专注，才能学到扎实的知识。所以上学期间，我的学习成绩一直比较好，我也因此感到很骄傲。

二是充实。除了专业学习以外，我还选修了计算机课程，平时还参加文艺汇演、英语演讲比赛等各种社团活动，生活非常充实和丰富。

三是愉快。大学期间，结识了优秀的老师，认识了许多同学和朋友，收获了知识和友谊，同时自己各方面的能力也得到了提升，所以这是一段愉快而难忘的生活经历。

语法点

只有[唯一条件],才[结果].

例句：

只有一直努力，才能得到成功。

只有你买了房子，我才同意你和我女儿结婚。

54. 请详细描述一下你理想中的未来工作环境及每日工作容。

示例回答

　　我喜欢一个能够提供足够的空间而且帮助员工成长、能够尊重个人意见、管理部门总是欣赏优秀的工作和知识的工作环境。我既能独自工作，又能与大家合作一起达成结果。我喜欢激励自己，因此我有兴趣在一个我一直能学到新东西以及提高我自身技能的地方工作。职位有所发展、给我学习的机会的工作环境能够让我工作表现更好。

　　有一个健康的合作团队也很重要，成员之间要有良好的沟通和互相的理解。我喜欢工作环境中，信任和团队合作是成功的关键。我真的很喜欢与团队一起工作，感受大家互相信任和尊重是任何工作的必要成分。

语法点

关键：관건. 表示重要因素或重要部分

例句：

这件事能不能成功，董事长的态度很关键。

看来你还没有明白其中的关键。

55. 你希望与什么样的上级共事？

示例回答

　　作为刚步入社会的新人，我觉得不管遇到什么样的上级，都是工作的需要。而且作为上级，一定都是有着丰富的工作经验和人生阅历，同时有着较强的工作能力的人，更是我事业上的领路人。所以我会听从公司的安排，尽快熟悉环境，了解上级对自己的要求，了解自己的工作职责，认真做好自己的本质工作。同时，我也希望我的上级能够在工作中对我多加指导，对我工作中的错误能够立即指出，这样，我才能更快地进步和成长。

语法点

作为...：...로서
例句：
作为老师，我要教育好学生。
作为联合国安理会常任理事国之一，中国一直努力维护世界和平。

56. 依靠你的专业素养能给团队带来哪些帮助？

示例回答

首先我近些年接受过很多专业培训，立刻就能上岗工作；其次，我有在人际交往方面的优势，就我的能力而言，我有信心成为一名优秀的员工，在组织中发挥一些力量，给组织带来高效率和更多的收益；最后，我可以开发大量的新客户，同时我也可以对老客户做更全面周到的服务，开发老客户的新需求。

语法点

就...而言：针对某方面话题做出说明。

例句：

就财富而言，马云曾经是中国第一。

就人际关系而言，市场部在公司中是最好的。

57. 你说你曾经参过很多公益活动活动, 你在活动中担任了什么角色？是领导者还是参与者？ 你觉得作为一个参与者应该具备什么素质?

示例回答

大学期间, 我参与了学校组织的多项志愿者服务活动。如义务献血、公益捐赠、到养老院慰问演出等。在这些活动中, 从活动策划、制订方案、现场活动协调, 一直到最后的活动实施和总结等, 我都积极参与, 并全力付出, 感到收获很大。

我觉得在一个团队中, 作为一个参与者, 必须要有一些基本的素质, 如要有责任心、做事有始有终、善于沟通等。这些基本素质对于做好任何工作都是很有益处的。我正是通过参加志愿者服务活动, 使我对社会的了解更深了, 眼界更加开阔了, 也学会了很多人生的经验, 得到了很好地锻炼。

语法点

从...到...：...부터 ...까지

例句:

他每天从早到晚地工作。

从疫情开始到现在, 他已经一年多没能回国和家人见面了。

58. 你对未来的职业规划是怎么样的？

示例回答

首先感谢您提出这么深刻的问题。我的兴趣是管理，优势是外语，因此我选择了外企人事管理这个工作，这是一个可以将我的兴趣和工作结合起来的行业，是我非常喜欢的，所以我会很用心对待这个岗位。

说到职业规划，近期三到五年，我打算在本部分做到人事主管，希望可以稳定提升，持续学到更多的知识，后续可以独当一面，独立负责海外招聘事务，解决管理中的问题。

谈到远期规划，我会根据环境的变化，工作内容的变化，以及我自身能力的变化，不断进行调整的。对于职业规划，我暂时的考虑是这样子的。谢谢！

语法点

打算：…하려고 하다．계획하다．常用在口语中。
例句：
我打算大学毕业后马上找工作。
小明打算工作稳定了再找女朋友。

59. 谈谈大学时印象最深刻的事。

示例回答

　　从大二开始，我就担任了学校辩论社的宣传部部长，担任这个职务需要我经常和社员们一起制作海报，虽然我有一定的绘画能力，但是其实我并不是一个擅长设计海报的人，那个时候刚担任宣传部部长第一件任务就是要我和部员一起制作社团的所有迎新海报，幸运的是部员都很支持我的工作，大家都发挥了自己擅长的部分，作出了很多精美的海报。在迎新会上，很多同学对我们的海报和迎新布置发出了赞叹，这件事给我留下了深刻的印象，并且让我感受到了只要团队有凝聚力，就没有什么工作是做不好的。

语法点

给...留下印象：...에게 인상을 남겨다.

例句：

长白山的天池雪景给我留下了深刻的印象。

他那时不爱说话，所以没给我留下什么特别的印象。

60. 大学期间觉得自己最成功的的事是什么？

示例回答

为了保持身材和身体健康，从大一开始我就坚持每天练习跑步，这个习惯我一直坚持到现在，虽然并不是什么大事，但是这给了我健康的身体。在大三的时候我参加了城市马拉松，获得了第三名，这是我觉得我大学期间最成功的的一件事，它让我知道努力付出一定会有回报。

语法点

为了...：...위해

例句：

为了学好汉语，他每天看两个小时中国电视剧。

妈妈这么做是为了让你有一个好的学习环境。

第五章

面试技巧和经验分享

考研面试个人类问题回答技巧

比如：

1. 请你做一个自我介绍。

2. 你的优点和缺点是什么？

3. 你最喜欢的一本书是什么？

4. 你有什么兴趣爱好？

5. 你为什么考研？

6. 为什么要报考XX学校，还有这个方向？

7. 你的特长是什么？

　　个人类的问题其实比较好回答，比如像家庭条件或者兴趣爱好自我介绍等，都属于自己可以张口就说的，但个人类问题最重要的就是注意逻辑与重点，其实所有的题都要注意逻辑重点，但为什么在个人类这边要单独强调？因为这些问题是你很熟悉或者很容易处于闲聊状态的话题，可能说着说着就抓不住重点了。

　　你要先知道老师为什么这么问，个人类其实重点在于考察你性格的偏向，比如说爱玩还是爱学习，喜欢追求时尚还是比较沉稳，从你喜欢或者你的生活能够看出你是个什么人。而老师想要一个什么样的人，可以活泼，可以跳脱，甚至可以话少，但最重要的是要一个肯努力认真做事，用心学习的学生。

考研面试本科学习类问题回答技巧

比如：

1. 你能介绍下你的学校吗？

2. 你对我们学校有什么了解？

3. 你为什么要跨专业考研？

4. 请谈谈你的毕业论文？

5. 你本科期间最喜欢的课程是什么？

6. 在校期间，你记忆最深的是什么事情？

7. 过去几年里，你认为你的专业领域最重要的变化是什么？

本科学习类基本就是对你专业知识的深度或者专业偏向的一个考察，比如你哪些学得好，哪些学得不好；报了这个专业是不是对这个专业有研究；最喜欢哪门学科或者有相关的实习经历等等。

导师问这个问题主要是看你有没有深度研究学科的能力，或者说学习态度怎么样。有的同学可能没有参与过太多的活动或者没拿到太多的奖，这个也没关系，可以跟老师直接说，但要转折一下说自己虽然并没有太多的实习、社团等的经验，但大学的空余时间比较喜欢读书或者重点集中在对学科的一些广度的研究，比如经常关注医学行业内的事情，什么都知道一点。

注意：如果问到比较尴尬的问题，如为什么没过四六级、为什么本科成绩差。首先要承认这是事实，同时表达出对自己那段时间没有好好学习的遗憾，然后说经历考研之后自己更加珍惜时间和机会，可以接受原来的自己，但更希望原来的自己让现在的我引以为戒。类似的意思。

考研面试专业问题类回答技巧

比如：

1. 你最近读过哪些专业书或论文？
2. 你所知道的本专业近年来所取得的重大突破是什么？
3. 你认为自己本科专业和现在所考的专业有什么互补性或者借鉴性？
4. 你对目标专业的研究方向有什么了解？谈谈你的看法。
5. 你读了除了本科的教材之外的哪些本学科的专著吗？有什么收获？
6. 说说xx与xx之间的区别、联系(辨析类问题)。

这个其实大部分就是专业知识的考察，但可能会包含一些其他问题，比如专业的选择、热点的看法、或者是对一些著作的看法等等。

主要的考察还是专业知识方向，就需要好好背书了，一定要背熟！背熟！背熟！边想边背稍微慢一点没事，但你要是一直磕磕巴巴的，专业知识不过关你再能说也没用。

还有对著作或者是热点等的提问，主要是看你的知识广度，就是我喜欢中医是喜欢这个行业还是只是作为一个单纯的学科看待，就跟你追星一样，你要是真喜欢他，他跟谁好跟谁不好你都多少知道点，但要是一般喜欢，那可能他演过啥电视剧你都一知半解。

送给大家一个考研面试的十六字锦囊：条理清晰，逻辑明确，方向全面，态度谦逊。如果被问到没有底或者不懂的问题不要慌张，不要不懂装懂。如实告诉导师，表示自己对这个问题不太了解，并利用一定的面试技巧尝试着对问题进行自己的分析和理解，这样老师会感觉，这个学生虚心诚实，善于思考，同时也给导师留下一个好印象。

考研面试未来规划类回答技巧

比如：

1. 毕业后你想做什么(你对未来有什么规划)？

2. 你对研究生学习有什么规划？

3. 你是否有攻读博士的打算？

4. 如果你被淘汰了，你打算怎么办？

5. 你的职业规划是什么？

6. 如果这次面试没通过呢，你会二战吗？

  未来的规划就是看你有没有一个完整的自我计划，类似于谋定而后动，有计划的人在工作、学习上会有更好的条理。

  老师主要想从你的未来计划看出你的雄心有多大，或者你期望成长到什么地步，从而对你有一个能力的预估。同时也可以考察你的抗压能力，比如说被淘汰了你打算怎么办，你不能出了门就去跳楼吧，毕竟研究生的工作其实很辛苦，需要学习的东西很多，你自己可以解决自己的很多问题，老师也能省点心。

  这里特别提醒一下攻读博士，如果被问到可以表达出攻读博士的意向，因为读博士的人不多，所以导师一般都比较希望研究生读博，但如果你实在不想读也不想骗人，那可以说：说实话我现在并没有办法确定的回答这个问题，但我觉得我是一个如果学进去就会很想继续研究的人，所以如果我有幸在贵校攻读研究生，那我会仔细考虑这个问题并且给出深思熟虑后的答复。

考研面试陷阱问题回答技巧

比如：

1. 你认为此次面试自己表现得如何？

2. 你觉得你和那些名校学生比较,有什么优势?

3. 本科让你觉得最自豪的事是什么?

4. 为这次面试你做了哪些准备?

5. 你事先了解过这几位导师吗?你意向中的导师是哪位?

6. 你如何看待自己的失败?

    这类问题比较考察大家的临场应急能力,或者是问题的总结分析能力,自我的认知等等。主要是测试你的沉静、自信与抗压能力。遇到比较犀利的问题不要慌张,先在脑海中构思一下,然后实事求是的表达自己的想法。同时言语中要沉着谦逊,就是要沉着的说出自己的想法,如果被老师指出问题或者反问,要表现出谦逊的态度,认真接受意见。

    这个重点在于你有什么优点让我选择你,所以可以说我很努力,很认真,等等品质,但最好不要说因为我很优秀,哪怕你真得很优秀但也显得不谦虚。可以说自己虽然初试分数比较高但自觉还是有很多需要学习深造的地方;或者初试分数虽然很低但为了逆袭我复试准备很努力,都是为了最终得到贵校的认可,所以希望老师们可以考虑我。

求职面试中的基本礼仪

(1) 一旦和用人单位约好面试时间后，一定要提前5-10分钟到达面试地点，以表示求职者的诚意，给对方以信任感，同时也可调整自己的心态，作一些简单的准备，以免仓促上阵，手忙脚乱。

(2) 进入面试场合时不要紧张，要表现出礼貌。企业很重视一个人的礼貌，求职者要尊重考官，多用礼貌用语。如门关着，应先敲门，得到允许后再进去。开关门动作要轻，以从容、自然为好。见面时要向招聘者主动打招呼问好致意，称呼应当得体。在用人单位没有请你坐下时，切勿急于落座。用人单位请你坐下时，应道声"谢谢"。坐下后保持良好体态，切忌大大咧咧，左顾右盼，满不在乎，以免引起反感。离去时应询问"还有什么要问的吗"，得到允许后应微笑起立，道谢并说"再见"。

(3) 对用人单位的问题要逐一回答。对方给你介绍情况时，要认真聆听。为了表示你已听懂并感兴趣，可以在适当的时候点头或适当提问、答话。回答主试者的问题，口齿要清晰，声音要适度，答话要简练、完整。一般情况下不要打断用人单位的问话或抢问抢答，否则会给人急躁、鲁莽、不礼貌的印象。问话完毕，听不懂时可要求重复。当不能回答某一问题时，应如实告诉用人单位，含糊其辞和胡吹乱侃会导致面试失败。对重复的问题也要有耐心，不要表现出不耐烦。

(4) 在整个面试过程中，应保持举止文雅大方，谈吐谦虚谨慎，态度积极热情。如果用人单位有两位以上主试人时，回答谁的问题，你的目光就应注视谁，并应适时地环顾其他主试人以表示你对他们的尊重。谈话时，眼睛要适时地注意对方，不要东张西望，显得漫不经心，也不要眼皮低望，显得缺乏自信。激动地与用人单位争辩某个问题也是不明智的举动，冷静地保持不卑不亢的风度是有益的。有的用人单位专门提一些无理的问题试探你的反应，如果处理不好，容易乱了分寸，面试的效果显然不会理想。

求职面试时语言运用的技巧

(1) 口齿清晰，语言流利，文雅大方。交谈时要注意发音准确，吐字清晰。还要注意控制说话的速度，以免磕磕绊绊，影响语言的流畅。为了增添语言的魅力，应注意修辞美妙，忌用口头禅，更不能有不文明的语言。

(2) 语气平和，语调恰当，音量适中。面试时要注意语言、语调、语气的正确运用。打招呼时宜用上语调，加重语气并带拖音，以引起对方的注意。自我介绍时，最好多用平缓的陈述语气，不宜使用感叹语气或祈使句。声音过大令人厌烦，声音过小则难以听清。音量的大小要根据面试现场情况而定。两人面谈且距离较近时声音不宜过大，群体面试而且场地开阔时声音不宜过小，以每个用人单位都能听清你的讲话为原则。

(3) 语言要含蓄、机智、幽默。说话时除了表达清晰以外，适当的时候可以插进幽默的语言，使谈话增加轻松愉快的气氛，也会展示自己的优越气质和从容风度。尤其是当遇到难以回答的问题时，机智幽默地语言会显示自己的聪明智慧，有助于化险为夷，并给人以良好的印象。

(4) 注意听者的反应。求职面试不同于演讲，而是更接近于一般的交谈。交谈中，应随时注意听者的反应。比如，听者心不在焉，可能表示他对自己这段话没有兴趣，你得设法转移话题；侧耳倾听，可能说明由于自己音量过小使对方难于听清；皱眉、摆头可能表示自己言语有不当之处。根据对方的这些反应，就要适时地调整自己的语言、语调、语气、音量、修辞，包括陈述内容。这样才能取得良好的面试效果。

求职面试时回答问题的技巧

(1) 把握重点，简捷明了，条理清楚，有理有据。一般情况下回答问题要结论在先，议论在后，先将自己的中心意思表达清晰，然后再做叙述和论证。否则，长篇大论，会让人不得要领。面试时间有限，神经有些紧张，多余的话太多，容易跑题，反倒会将主题冲淡或漏掉。

(2) 讲清原委，避免抽象。用人单位提问总是想了解一些应试者的具体情况，切不可简单地仅以"是"和"否"作答。应针对所提问题的不同，有的需要解释原因，有的需要说明程度。不讲原委，过于抽象的回答，往往不会给主试者留下具体的印象。

(3) 确认提问内容，切忌答非所问。面试中，如果对用人单位提出的问题，一时摸不到边际，以致不知从何答起或难以理解对方问题的含义时，可将问题复述一遍，并先谈自己对这一问题的理解，请教对方以确认内容。对不太明确的问题，一定要搞清楚，这样才会有的放矢，不致答非所问。

(4) 有个人见解，有个人特色。用人单位有时接待应试者若干名，相同的问题问若干遍，类似的回答也要听若干遍。因此，用人单位会有乏味、枯燥之感。只有具有独到的个人见解和个人特色的回答，才会引起对方的兴趣和注意。

(5) 知之为知之，不知为不知。面试遇到自己不知、不懂、不会的问题时，回避闪烁，默不作声，牵强附会，不懂装懂的做法均不足取，诚恳坦率地承认自己的不足之处，反倒会赢得主试者的信任和好感。

求职面试前，一定要做好功课

(1) 面试前，一定要做好功课。因为雇主不仅想知道更多你的情况，也更好奇你对他们了解多少。如果你花费精力尽可能了解对方，他们会对你印象更深刻。

(2) 去找你能找到的任何信息，也可以去他们的网站(如果有)，读"关于我们"(About us)一栏下面的所有隐藏信息。如果企业是当地的，你们有公共图书馆，请管理员帮忙找出所有关于这家公司的新闻和信息。最后，问问你所有的朋友，是否认识 曾经在那儿工作过，或还在那儿工作的人，你可以请他们吃午餐、喝茶，或去星巴克，去面试前，通过职业访谈挖掘出内部故事。

求职面试前的准备工作

1.　要随时准备回答有关自己的问题，例如经历.学历.兴趣.嗜好.工作经验及家庭背景等。你的答案应该与填写在求职信表格上的资料相一致。

2.　除了要清楚知道你所应聘的职位，更要了解这份工作所要求的知识和技术，事前不妨温习一下。

3.　对你所投考的工作和机构，应尽可能多搜集些有关资料，例如工作范围及性质，要求的资料等。对于机构的业务范围，组织机构和发展方向，也需要有概括的认识。

4.　带齐有关证书及推荐书，以备主考人查阅。最好能准备好这些文件的影印本，以便雇主保存。

5.　面试前一晚应避免过分操劳，最好能够早点休息。充足的睡眠能使人精神焕发，信心倍增。

6.　你的仪容往往影响主考人对你的第一印象，因此要注意你的穿着打扮。衣着要整洁适当，头发要梳理好，指甲要干净，化妆不宜太浓。总之，外表得体，自然会予人好感。

7.　记住面试的时间和地点，在预约的时间前约15分钟到达面试地点，及早、计划行程，提早出发，可避免交通堵塞造成延误。路途上的阻滞或者迟到都会令你心情紧张，而一个畅顺的行程都可以松弛你紧张的心情。

职场求职：面试前的准备

接到面试通知后，你该做些什么呢？

1.　迅速查找该企业的原始招聘广告。

重温该企业的背景情况(一般在招聘文字中有说明)，以及应聘职位的要求是什么等等。如果你备有几种不同的求职信，应当了解投出的是哪一种求职信，最好再看一遍，做到心中有数。

2.　查找交通路线，以免面试迟到。

接到面试通知后，应仔细阅读通知上是否标有交通路线，要搞清楚究竟在何处上下车、转换车。要留出充裕的时间去搭乘或转换车辆，包括一些意外情况都应考虑在内。如果对交通不熟悉的话，最好把路线图带在身上，以便问询查找。

3.　整理文件包，带上必备用品。

面试前，应把自己准备带去参加面试的文件包整理一番，诸如文凭、身份证、报名照、钢笔、其它证明文件(包括所有的复印件)均备整齐，以备考官索要核查。同时带上一定数量的现金以备不时之需。

4.　准备面试时的着装和个人修饰。

参加面试，在衣着方面虽不要特别讲究、过分花哨华丽，但也要注意整洁大方，不可邋遢，男士衬衫要换洗干净，皮鞋要擦亮；女士不能穿过分前卫新潮的服装。总之，着装要协调统一，同所申请的职位相符。头发要梳齐，男士要把胡须刮干净。女士若感觉脸色不佳则可化淡妆，不可修饰过分。另外，还应保证面试前充足的睡眠。

职场求职：面试礼节

现在越来越多的企业在录用员工时重视对其人品的考察。因此在面试时，考官们会随时注意求职者的言行举止。哪些举止得体者往往能获得考官的青睐呢？

1. 应提前多长时间到达面试地点？

提前10分钟到达效果最佳。在面试时迟到或是匆匆忙忙赶到都是致命的，而提前半小时以上到达亦会被视为没有时间观念。到达面试地点后应在等候室耐心等候，并保持安静及正确的坐姿。

2. 假如一些小企业没有等候室怎么办？

在面试办公室的门外等候。当办公室门打开时应有礼貌地说声："打扰了。"然后向室内考官表明自己是来面试的，绝不可贸然闯入。假如有工作人员告诉你面试地点及时间，应当表示感谢。

3. 进入面试室后能否马上坐下？

等考官告诉你"请坐"时可坐下。坐下后不要背靠椅子，也不要弓着腰，并不一定要把腰挺得很直，这样反倒会给人留下死板的印象，应该很自然地将腰伸直。

4. 与考官交谈时是否应始终注视对方？

这并不需要，当然更不能漫不经心地四处张望。在交谈时应当显得自然，平时怎么和别人交谈的，就怎么去做。

5. 面试结束后该怎么做？

　　站起来对考官表示感谢。在走出面试室时先打开门，然后转过身来向考官鞠一躬并再次表示感谢。然后轻轻将门合上。

求职面试时常遇到的五个基本问题

1. "你为什么来这里?"这个意思是,"你为什么敲我们的门, 而不是去别人家?"

2. "你能为我们做什么?"这个意思是,"如果录用你, 你能帮我们应对挑战吗?你有何技能, 对这个主题或领域了解多少?"

3. "你是什么样的人?"这个意思是,"你适合吗?你的个性容易相处吗?你和这里的人有同样的价值观吗?"

4. "是什么将你和其他19个, 甚至900个申请人区分开来?"这个意思是,"你有更好的工作习惯吗?早来, 晚走, 有始有终, 高效率, 高标准, 不须扬鞭自奋蹄?……"

5. "我们请得起你吗?"这意味着,"如果要录用你, 我们得花多少钱?我们愿意付, 能付那个数目吗?"预算有控制, 而且你赚的, 不能和组织机构里位于你上面的那个人一样多。

面试销售员时可能会问到的问题

(1) 请告诉我你最大的优点，你将给我们公司带来的最大财富是什么？

(2) 你最大的缺点是什么？

(3) 如果我录用你，你认为你在这份工作上会待多久呢？

(4) 人们购买产品的三个主要原因是什么？

(5) 关于我们的产品生产线和我们的客户群体，你了解多少？

(6) 关于销售，你最喜欢和最不喜欢的是什么？为什么？

(7) 若受到奖励，你有什么感想？

(8) 你最典型的一个工作日是怎样安排的？

(9) 为取得成功，一个好的销售人员应该具备哪四方面的素质？你为什么认为这些素质是十分重要的？

(10) 电话推销和面对面的推销有什么区别？为使电话推销成功，需要什么样的特殊技能和技巧？

(11) 在你的前任工作中,你用什么方法来发展并维持业已存在的客户的?

(12) 若你给新员工上一堂销售课程,你在课堂上要讲些什么?为什么?

(13) 请讲一下你在前任工作中所使用的最典型的销售方法和技巧。

(14) 讲一个这样的经历:给你定的销售任务很大,完成任务的时间又很短,你用什么办法以确保达到销售任务目标的?

(15) 你是否有超额完成销售目标的时候,你是怎样取得这样的业绩的?

(16) 般而言,从和客户接触到最终销售的完成需要多长时间?这个时间周期怎样才能缩短?

(17) 你怎样才能把一个偶然的购买你产品的人变成经常购买的人?

(18) 如果你愿意的话,请和我进行角色演习。假定你是一家猎头公司的推销员,你通过电话向我介绍了你自己。然后你设法让我相信,你所推销的产品是值得我花时间聆听的。

大多数雇主都在找这样的员工

你是这样的员工吗？面试时，最好能表明自己具备以下这些能力

1. 守时，准时上班，最好早到；按时下班，最好晚走；

2. 可靠. 正直. 对组织忠诚；

3. 态度良好；

4. 有动力，热情积极；

5. 要的不仅是钞票；

6. 自律，自我驱动，有计划，擅长管理时间；

7. 很好地处理人际关系；

8. 擅长语言表达；

9. 能用电脑工作；

10. 善于团队合作；

11. 灵活，能适应新环境，工作环境变化时能调适自我；

12. 可培训，热爱学习；

13. 任务导向，目标导向；

14. 有创造性，擅长解决问题；

15. 能辨别机会、市场和未来趋势。

求职面试自我介绍时要注意什么？

1. 独特：在众多应聘者中第一分钟就凸显出来。在自我介绍中务必要把自己一些很独特、很与众不同的经历或特长说出来。

2. 相关：记住，面试官只是希望知道你的个人经历及特点是否能够为未来的工作铺路。

3. 联结：看看自己有没有什么特点是和这个公司的文化特点相符合的。试想：面试官也是倾向于雇佣那些和他们类似或他们喜欢的人。

4. 富有激情：富有激情的自我介绍很自然地能给面试官留下深刻印象，因此在准备时，除了熟练，语音语调上也要多加练习。

5. 简洁：自我介绍的内容以及用词、叙述方式等都要简洁明了，不用涉及过多的细节。说话要干脆，不要拖拉。

求职面试成功的十个小技巧

技巧一：自我介绍不超2分钟

其实面试者的基本情况用人单位已掌握，考这道习题的目的是考核面试者的语言表达能力、逻辑能力、以及诚信度。所以，面试者在自我介绍的内容要与个人简历相一致，表述方式上尽量采用白话化，注意内容简洁，切中要害，不谈无关、无用的内容，层次要清晰，层次要清楚。面试者事先最好以文字的形式写好背熟。自我介绍不能超过2分钟，最好把握在1分钟左右。

技巧二：强调温馨和睦的家庭气氛

"谈谈你的家庭情况"此类问习题70%的用人单位都会涉及，面试者应简单地介绍家人，一般只需介绍父母，假如亲属和应聘的行业有关系的也可介绍。答复时注意强调温馨和睦的家庭气氛，父母对自己教育方面的重视，各位家庭成员的良好状况，以及家庭成员对自己工作的支持和自己对家庭的责任感。

技巧三：用乐群性爱好点缀形象

"谈谈你的业余爱好"是合资企业、民企乐于问的问题，因为企业主要想通过此问题了解面试者的性格是否开朗，是否具有团队精神。所以面试者千万不要说自己没有业余爱好，也不要说自己有那些庸俗的、令人感觉不好的爱好。谈爱好时最好不要说自己仅限于读书、听音乐、上网等一个人做的事，这样可能会令面试官疑心应聘者性格孤僻，最好能有一些如篮球、羽毛球等，在户外和大家一起做的业余爱好来点缀自己的形象，突出面视者的乐群性和协作能力。

技巧四: 不忘本令考官难忘

"你最崇拜谁？"是近两年用人单位爱考的一道问题。面试者答复时，不宜说自己谁都不崇拜，或者说崇拜自己，也最好不要说崇拜一个虚幻的、或者不知名的人，更不能崇拜一个明显具有负面形象的人。面试者所崇拜的人最好与自己所应聘的工作能有一些相关性，说明自己所崇拜的人的哪些品质、哪些思想感染着自己、鼓励着自己。

技巧五: 尽量体现机智、果敢和敬业

"你是应届毕业生，缺乏经验，如何能胜任这项工作？"，这一问题的答复应体现出面试者的诚恳、机智、果敢及敬业。作为应届毕业生，在工作经验方面确实会有所欠缺，因此可以强调在读书期间一直利用各种时机在这个行业里做兼职，从中获取了很多经验。或说明自己有较强的责任心、适应能力和学习能力，而且比较勤奋，在兼职中均能圆满完成各项工作。学校所学及兼职的工作经验使本人一定能胜任这个职位。

技巧六: 说与工作无关紧要的缺点

当考官问到你的缺点时，面试者不能说自己没缺点，也不能把那些明显的优点说成缺点，但更不能挑严重影响所应聘工作的缺点，或者说令人不放心、不舒适的缺点。可以说出一些对于所应聘工作无关紧要的缺点，甚至是一些外表上看是缺点，从工作的角度看却是优点的缺点。

技巧七: 尽量回避待遇等问题

考官问到你为什么选择我们公司?是试图从此问题中了解面试者求职的动机、愿望以及对此项工作的态度。面试者最好不要说因为待遇好等,可以说我十分看好贵公司所在的行业,我认为贵公司十分重视人才,而且这项工作很合适我,相信自己一定能做好。

技巧八: 遇到发问陷阱采用迂回战术

"假如我录用你,你将怎样开展工作"这是一道陷阱题,假如应聘者对于应聘的职位缺乏足够的了解,最好不要直接说出自己开展工作的详细规定,以免引起不良的效果。面试者可以尝试采用迂回战术来答复,如首先听取领导的指示和要求,然后就有关情况进行了解和熟悉,接下来制定一份近期的工作计划并报领导批准,最后根据计划开展工作。

技巧九: 回避答复对上级详细的希望

"你希望与什么样的上级共事?",通过面试者对上级的希望可以判断出面试者对自我要求的意识,这既是一个陷阱,又是一次时机。面试者要好好把握此时机,最好回避对上级详细的希望,多谈对自己的要求,如做为刚步入社会新人,我应该多要求自己尽快熟悉环境、适应环境,而不应该对环境提出什么要求,只要能发挥我的专长就可以了。

技巧十：座右铭与应聘行业相关

通过问"你的座右铭是什么？"，用人单位就可以判断面试者是否具有发展前途。面试者不要说那些易引起不好联想的座右铭，也不应说那些太抽象的座右铭，更不宜说太长的座右铭。座右铭最好能反映出自己某种优秀品质，或者和本专业、本行业相关的一句话，比如"只为成功找方法，不为失败找借口"。

销售员面试中的注意事项

1、 第一印象是很重要的，整洁大方利落的装束最起码不会让考官讨厌你，其次如果能不经意间表现出销售员的好品质，就更会受到对方的好感，但千万不要刻意为之。

2、 与考官对话，态度要不卑不亢，声音清楚洪亮，同时也要主动出击，有自己主见的人还是受人尊重的。

3、 在面试中，除了你的外表和语言外，肢体和语音语调都在面试的成败中，起了非常重要的作用。要知道，面谈中肢体语言和语音语调最能让人印象深刻。

4、 现场面试结束，并不代表整个面试的结束。结束以后的感谢信，和必要的电话询问都是面试的后续动作。同时，也不要患得患失，而要立即重新投入新的战斗，准备、准备、再准备！只有做了充分的准备，了解了公司需求和自身发展的契合度，并使自己成为他们不可或缺的人，才是职业成功的关键。

求职面试四个小技巧

技巧一：给人第一印象要留好

面试时给考官的第一印象非常重要，开始的印象往往很可能就决定了面试结果。大体上说，着装应与企业性质、文化相吻合，与职位相匹配。不论去什么公司，正装不仅正式大方，而且对别人也是一种尊重。女孩子一定要注重衣着的细节，避免穿无袖、露背、迷你裙等装束。对于初次求职者或刚出校门的大学生，服装也要以大方简洁为主。此外，女性求职者在夏季面试时要注意化妆端庄淡雅，细节之处处理好，如头发、指甲、配件等都应干净清爽，显示出干练精神的良好印象。

技巧二：千万不要紧张

面对掌握"生杀予夺"权力的面试官，多数人都会表现出紧张来，这是面试的大忌。告诉你一个调整方法：面试前努力全身心放松，面试时用深呼吸的方法保持平静，或用心理暗示的方法来使自己放松，如在心里默念"我很放松，我尽力就行了"。只有放松，才能准确把握考官要问的问题和自己的回答方式。记住，心情放松、心态平和、充满自信，这样不仅能给考官留下好印象，也有利于保持头脑清醒、思维敏捷，在这样的状态下所做的回答才是最能令考官满意的。

技巧三：自我介绍

　　"自我介绍"几乎是所有考官必问的题目，求职者在回答时一定要注意，所述内容要与简历相一致，若自相矛盾，只会给自己平添麻烦。在真正做"自我介绍"时，不妨坦诚自信地展现自我，重点突出与应聘职位相吻合的优势。你的相关能力和素质是企业最感兴趣的信息，因此，在许多情况下，在听取你的介绍时，考官也会抓住他感兴趣的地方深入询问。所以，在进行表述时，要力求以真实为基础，注重表达的逻辑性和条理性，避免冗长而没有重点的叙述。

技巧四：肢体语言，成功的变数

　　肢体语言包括握手、拥抱、敬礼、鞠躬、抱拳等等，使用恰当的肢体语言被认为是有涵养的文明人，反之会被认为粗俗。因此，在面试中，不妨谨记以下这些小细节——仔细聆听、面带微笑、措辞严谨、回答简洁明了、精神风貌乐观积极，这些丰富的肢体语言和恰当的语音语调，势必会使你的面试锦上添花、事半功倍！

面试时的"六优""六忌"

"六优"

1、 优化自己的事业目标

2、 突出自己的人人品德

3、 突出你的学业背景

4、 表现出你的领导潜能

5、 突出你的应聘动机

6、 突出你的过往职业经历

"六忌"

一忌没有自信

二忌过于自负，信口开河

三忌仪容不整

四忌缺乏自我表达能力

五忌理解力差

六忌态度不诚实

求职面试后的善后工作

很多朋友面试之后就没什么事了，但是应聘还没有结束，善后工作还是需要您来完成的。

(1) 在面试后的一、两天内，你必须给某个具体负责人写一封短信。感谢他为你所花费的精力和时间，为你提供的各种信息。这封信应该简短地谈到你对公司的兴趣，你有关的经历和你可以成功地帮他们解决的问题。

(2) 如果两星期之内没有接到任何回音，你可以给主试人打个电话，问他"是否已经作出决定了?"这个电话可以表示出你的兴趣和热情。你还可以从他的口气中听出你是否有希望。

(3) 面试看起来很成功，但结果你还是落选了。对此，你不要大惊小怪。面试时，大多数的主试人都尽量隐藏他们的真正意图，不会轻易让你看出来。万一他人通知你落选了，你也应该虚心地向他人请教你有哪些欠缺，以便今后改进。一般来说，能够得到这样的反馈并不容易。

(4) 如果你在打电话打听情况时觉察出自己有希望中选，但最后决定尚未作出，那你就在一、两个星期后再打一次电话催催。

(5) 每次打电话后，你还应该给他人寄封信，哪怕他们已经暗示你可能落选了。这样做的原因是：a)你觉得有必要重新强调一下自己的优点。b)你又发现了一些新的理由、成绩或经验，有必要让他们知道。得到一次面试机会不容易，不要轻易放弃希望。

例：面试后的感谢信

尊敬的高先生：

感谢您昨天为我面试花费的时间和精力。和您谈话觉得很愉快，并且了解到许多关于贵公司的情况，包括公司的历史，管理形式以及公司宗旨。

正像我已经谈到过的，我的专业知识、经验和成绩对贵公司是很有用的，尤其是吃苦钻研能力。我还在公司、您本人和我三者之间发现了思想方法和管理方法上的许多共同点。我对贵公司的前途十分有信心，希望有机会和你们共同工作，为公司的发展共同努力。

再一次感谢您！希望有机会与您再谈！

韩国留学面试该如何准备

1. 面容、着装

入学面试不同于职场面试，不用穿着太过正式，当然也不可以穿一身运动服或者卫衣就去了。最重要的是干净、整洁、得体。女生最好画一个简单的妆容，男生也需要刮刮胡子，整理整理头发，让自己看起来仪容整洁大方、有精气神就可以。

2. 自我介绍

首先简单介绍自己自身情况，如家乡、家庭情况、年龄、爱好等。研究生申请时可以适当地提及自己的学校、专业以及相关经历，如果有获奖经历或申请专业等级证书、专利等可以简单介绍。某些专业(商科、理工科、计算机)申请时可以准备一份英文版本的自我介绍。

3. 学校与专业相关问题

例如选择韩国留学、XX学校、XX专业的动机，这个可以根据同学自身的情况加以修饰。可能有的同学是因为喜欢某个明星或者某个节目才选择韩国留学，但是回答的时候建议不要只回答这一层面，比如通过喜欢一个明星或者一个节目从中了解到了什么，想更深层次的学习等这样的回答会显得饱满许多。

本科申请的时候关于之前学习的内容方向涉及比较少，但是大学院申请的同学多数会被问到研究方向、学业计划等的问题，同专业申请的同学就需要从本科专业内容与论文出发来回答，但是如果是跨专业申请的同学，就可以参考之前第二专业、相关实习工作经验出发回答，对于申请专业的理解则需要了解申请学校的专业，最好能加上自己的观点进去。比如申请大热门传媒专业可以多提及自己的实习经历，喜欢的韩国节目，对近期发生的时事政要的理解等。

4.　语言水平

大部分的面试是用韩语，但是也有用英语面试的情况。语言作为国外留学最重要的条件之一，教授是十分重视的，所以要通过回答来打消教授的顾虑。因此无论是韩语还是英语，口语水平都很重要，建议在面试之前突击练习一下。如果语言成绩不是很好，那就一定要告诉教授目前一直在努力学习中，争取早日拿到好的成绩，不会对学业产生影响。

5.　家庭情况

韩国大学在招生和面试时，特别关注学生家庭情况，会直接问父母从事职业和收入方面的问题，这种问题是为了解学生家庭的经济状况。在韩国人的印象当中，如果家庭条件优秀、父母的素质比较高，相对来说，这个学生的个人素质也会高。面对这类问题大家就在不脱离实际的情况下随机应变、灵活回答。

6.　对韩国的了解，在韩国有没有亲属朋友

说到韩国的了解，那就从你所知道的韩国美食或者韩剧之类来聊就可以啦。但如果问在韩国有没有亲属朋友实际上是在间接的了解你的留学目

的是否单纯，因此回答这类问题是一定要小心。

　　还有，一定不要提到将来会到韩国勤工俭学！虽然在韩国允许留学生打工，但难免会想到该学生有可能会不把全部精力放在学习上，所以尽量表现出家里有足够的经济能力让你去韩国留学。

7.　毕业后的计划或打算

　　顺利完成研究生的学业以后，一定会面临这个重要的问题。此类问题通常会在面试后半段问到，回答这个问题的时候可以多选几种方案。一般来讲毕业计划会有两个大方向，一个是继续求学，读博士，更深一步的学习和研究，另一个就是就业，可以根据自己的喜好选择在韩国就职或回国找和专业相关的工作。在韩国就职一段时间之后回国找和专业相关的工作

　　除了上述几个问题，可能还会问到关于之前的毕业论文，实习，学费，打工等方面问题，所以也都要有所准备。总之，最好表达出喜欢韩国和接受韩国文化，喜欢这个学校和这个专业，有能力(专业的能力和语言能力)，对于知识有强烈的求知欲，有自己的学习目标，并且家人非常支持留学，本人能脚踏实地好好学习，且志向远大。

韩国大学入学面试常见问题

1. 简短的自我介绍(30秒~1分钟), 毕业学校+现在做什么+目标+决心)(第一印象很重要)

2. 请问您是哪里来的?(比如中国, 再加一句话概括什么最为有名的地方)

3. 您目前正在做什么(比如读语学院, 比如刚毕业, 比如在工作, 简单回答)

4. 您为什么要申请这个学校?为什么要申请这个专业?

5. (大学院)您申请这个专业最想研究什么样的课题(研究方向要具体)?

6. 除了申请了本学校, 您还申请了什么学校?

7. (如果大学院跨专业) 为什么跨专业?您觉得之前学到的东西和以后想学的东西有什么关联?

8. 您父母是做什么工作的? 对于您在韩国留学父母怎么看?

9. 如果没有很多奖学金, 您的学费谁来承担?(最好不要说勤工俭学打工等)

10. 您最喜欢本专业什么样的课程？

11. 您最喜欢什么书？

12. 您日常有什么爱好？

13. 毕业之后有什么打算？(什么样的工作，如果申请大学院最好说和学术研究有关的工作)想留在韩国还是中国？

14. 英语水平怎么样？(比如直接让来个简短英语自我介绍)

15. 学习韩语多久了？怎么学的？有韩国朋友么？

16. 学习韩语过程中遇到的困难和克服方法？

17. (如果申请大学院)本科成绩怎么样？最喜欢的一门课？平均绩点？(如果低，为什么低？)

18. (如果申请大学院硕士)将来考虑读博么？

19. 您觉得留学生活当中什么样的能力最重要？

20. 您觉得您所在的国家的文化和韩国文化有什么不同？

21. 中国学生可能会有抱团的现象，您怎么看待这个问题？

22. (大学院商科传媒等)请阐述论文研究方法(定量,定性两个角度阐述)

23. 您最尊敬的一个人是?

24. 对韩国的第一印象?韩国什么最吸引您?(可以结合本专业谈谈可能更好)

25. 所参与过的有意义的活动?有什么启发(最好和本专业有关)

韩国研究生申请面试经验分享

在申请韩国大学院时，面试官都会问些什么问题.今天给大家分享一下可以用来参考的问题：

一、×大学面试问题：

1.   解释一下什么是×专业(或×学)。

2.   你有没有个人很喜欢的品牌？

3.   为什么这个品牌会吸引你，如果你是这个品牌的管理者，你将怎么管理？

4.   你将如何介绍这个产品的品牌特点。

5.   对于你来说，英语更方便还是韩语更方便？

6.   为什么英语很重要？

7.   为什么要来韩国，韩语是怎么学的？

8.   为什么一定要选这个专业，你真的非这个专业不可吗？

9.   父母是做什么工作的？

10. 为什么大学绩点这么低？你来了韩国以后真的会好好学习吗？

二、×大学面试问题：

1、   请做一下自我介绍(视申请项目的不同, 准备韩文或英文不同版本)。

2、   对韩国的了解和印象是什么样的？准备在韩国读几年？

3、   怎么了解到我们大学的？为什么选我们大学？除了我们学校还申请了什么其他大学？都被录取的话, 会选择哪所？

4、   请问你的入学动机是什么？

5、   请简述一下你的学习计划和研究计划。

6、   说说你对专业的理解和认识(什么是XX学)。

7、   为了今后的学习研究, 你都做了什么准备？

8、   请说一下你未来的职业规划, 毕业后有什么打算, 学了这个专业主要想要做什么？

9、   你本科在哪里读的, 请介绍一下自己的母校。

10、你本科阶段学了什么专业知识？与接下来的学习有关联的主要有哪些？

11、你有什么特长和优势？

12、请说一下父母职业，家庭收入状况如何？学费怎么解决？

13、你的英语水平怎么样？

14、你的韩语水平如何？什么时候在哪里学的韩国语？

15、你还有什么想问的？

16、你本科是双学位，为什么会选两个专业？

17、你是跨专业申请读研的，未来怎么克服专业上的困难呢？

18、你的学习计划书中，提及了某些工作或社团经验，请介绍一下。

求职面试十大禁忌

禁忌一：恶意缺席

接到面试通知，如果不能或不想出席，都应该在前一至三天用电话婉转地通知对方。许多求职者可能会认为，反正我已决定不去这家公司上班，何必和对方有所接触？这绝对是错误的观念，留下恶意缺席的印象，对你日后要在这个行业中发展，一定有所影响。

禁忌二：不守时

面试时的守时十分重要，迟到是绝对不可原谅的行为，代表你对这家公司根本不重视。太早到也不好，面试官可能有别的事情，还要应付你的突然出现。

禁忌三：穿着邋遢

不管你应征何种类型的工作，穿着是给别人留下第一印象的机会。即使是所谓创意型的人员，邋遢、不修边幅的着装，还是不易令人亲近。是不是西装革履其实并不重要，要把握干净、整洁的原则，才能留下好印象。

禁忌四: 没有准备

就算你是一个毫无经验的社会新鲜人，对于应征职务的工作性质、内容，也应该有一些基本的认识与了解。企业当然可以容忍新鲜人缺乏经验，但是没有准备、一问三不知的人，似乎也意味着将来在工作上缺乏责任感。更现实的说法，企业可能要花两、三倍的时间才能让你达到工作的要求。

禁忌五: 欺骗

没有一家企业会录用不诚实的新人，在面试的过程中，诚实是最好的应对之策。尤其是履历表、自传中所写的个人背景资料，不要夸大自己的能力，或是谈话内容和履历表所写不符。即使面试时未被发觉，日后也会被检验。

禁忌六: 言行轻浮

面试代表的是一种对个人性格的主观判断，轻浮的言行、夸张的肢体动作，会令人有不信任的感觉。面试官最讨厌的是一副无所谓、可有可无的态度，如果你对这家公司没有兴趣，又何必来应征呢？

禁忌七: 没有自信, 或流露骄傲

自信和骄傲有时就在一线之间，尺寸的拿捏要小心掌握。没有自信的人会让人有学习力差、推诿搪塞的联想，肯定不受企业欢迎；骄傲的人则令人生厌，没有团队合作的概念、不合群，企业可不想用一个单打独斗的独行侠。

禁忌八：天马行空

说话的逻辑概念，代表的是一个人的组织能力。天马行空可能是一种创意，却也代表着"只会说不会做"的言行失衡。企业应征社会新鲜人，多半是希望做好基层的执行工作，有创意当然是额外的红利，只动嘴不动手可不是新人该做的事。

禁忌九：喜好批评却无创见

没有一个主管喜欢爱批评却无创见的员工，面试官也一样。即使批评的是和工作无关的事，像是政治、经济、社会的现况，对于求职者来说，并没有任何加分的效果，可能还会因为你的言语不当，引起面试官的不快。

禁忌十：不知行情乱开价

谈到薪水多半代表你有很大的机会被录取，可是你却来个狮子大开口，企业怎么敢用一个漫天要价的人？如果你不想吃亏，面试前应多打听相关行情，否则就采取"依公司规定"的保守策略。不知行情胡乱开价，绝对让你的面试倒扣200分。

小问题看大能力

在中国成都人才市场的一次招聘会上，上百名求职者经过了初试。在面试过程中，主考官向他们中的一部分人分别问及同一个问题：假如你到饭店进餐，发现菜里有一只苍蝇，你把服务员叫来，服务员却说是你自己放进去的，这时大家都注视着你，你怎么办？

这一问题能考察一个人的应变、处事、交际、性格、修养等方面的个性特征。有研究表明，不同文化背景的人就餐时发现苍蝇有不同的对待方法：美国人很幽默，他会叫来待者说，上菜时请将苍蝇和菜分开端来，由顾客根据自己的喜好决定是否掺到一起；英国人很绅士，他彬彬有礼地告诉领班，你卫生没搞好，我吃了恐怕会拉肚子的；日本人则很愤怒，拍案而起要找经理是问，发一通牢骚最后分文不付。中国人对这一问题一般都很严肃对待，要求给一个说法，不过在具体处理上还是有较大差别的。

在专场招聘会上接受面试的人有下述类型：

一沉默忍让型。A女：先挟出来，不嚷嚷，不吵架，委婉地提出来，我想服务员在冷静时会认识到这是店方的过错。

二以理服人型。B男：我会向服务员说，苍蝇来自三种可能，我放的，饭店放的，苍蝇自己飞进去的，仔细分析其实三种可能性都不大，我也没有必要放只苍蝇骗顿饭店吃，最可能是清洁或加工过程中不注意弄进去的。

三据理力争型。C男：我不会在饭店打起来，但肯定争起来，谁对谁错就应该弄清是非曲直。D女：先与服务员交涉，不行再找领班，找经理，直到把事情说清楚，给我一个满意的说法。

四维护权益型。E女：菜里有苍蝇是饮食业的严重问题，店方污蔑我要向我道歉，并表示今后不再重犯，菜要重新换一盘。F男：如果这一事件我与店方不能解决，我就诉诸新闻媒体、消协，甚至拿起法律武器，要求索赔。

五回避问题型。G男：对这种不负责任的饭店我立马走人，再也不来，告诉我的亲朋好友不能上这家饭店来。

面试中的回答不外乎上述几种情况，第三、四种类型的回答最多。尽管每个人都可能围绕符合社会主义道德规范的行为方式作答，但在面试中反应出来的个人基本素　质，包括应变能力、思维能力、语言能力、交际能力、文化素养是无法隐瞒的。以此为依据再结合其他方面考察，主考官对你是否适合某项工作就作出了综合性评价。

十三条面试成功经验

1、 从踏进办公楼大门的那一刻起就要告别学生气的松垮和随意，暗示自己正以一个白领的身份出现在这里。在电梯、走廊、等候厅等各处都必须表现出职业人的仪表、风度和气质，与人交谈的一言一行都要有礼有节，这有利于尽快树立自信，进入面试状态。

2、 在去往考官办公室的途中，自然的步态和心态有助于消除紧张。如有陪同的公司员工，不妨和他寒暄几句，问一下考官的尊姓大名，见面时的称呼问题自然解决了。

3、 到达考官处后，考官很有可能仍在填写前一名应聘者的评估表，这很正常。只要按照他的要求等候片刻就好。

4、 和考官的见面、问候和握手要热情大方，内在的自信和外在的自信往往是相伴而生的。

5、 如果考官给你喝水，不必客气，致谢后接受就是，当然喝不喝随你。

6、 寒暄是第一道程序，是正式提问前的热身。话题不外乎天气、交通、从何处得知招聘消息等等。

7、 考官的问话如有不明白之处，一定要及时提问。多听一遍问题并且回答正确比不懂装懂离题万里要好得多。考官向来都很乐意重复他们的问题，这也为你思考问题并组织答案赢得了时间。

8、 回答问题时语速适中, 音量和音调不要太高；注意条理清晰, 言简意赅, 切勿离题, 记住言多必失；和考官保持eye contact(眼神交流), 手势和表情尽量自然。

9、 考官发表个人意见时要跟上他的思路, 适时简要表明自己的看法和态度。不管考官对你回答的批评有多严厉, 都要敢于对自己的想法负责。答案的正确与否有时无关紧要, 个人的主见和分析思路才是考官看重的东西。

10、遇到tough question(难题)时, 一要自信, 尽力想办法解决；二要镇静, 设法用临场应变来避免冷场。

11、 在坚持个人主见的同时也要注意和考官的双向沟通, 否则"主见"就成了"固执"和"高傲"。

12、 个人提问阶段要表现出自己对企业的兴趣, 对企业发展的关心, 一般一至两个就够了。问题的质量比数量更重要。

13、道别时, 可尝试向考官索取联系方式, 但如果考官不愿意, 也不要强求。告别的礼貌用语我想也不用多说了吧。

面试经验分享——来自现供职于一家芬兰公司的总经理助理

　　我是去年12月获得这个职位的,当时与我竞争的一共有1000多人,我想我的经验是必须采取主动,不能让对方控制住话题及思路,尽量要让对方知道你想像中的这份工作是什么样,尽量扬长避短地说出自己胜任这份工作的理由。我认为获得这个职位,我的谈吐充满激情也是其中一个重要的原因,对应聘者来说,以充满激情的形象出现在主考官的面前是非常必要的。因为任何公司的老板,都不会希望看到一张无精打采的脸。

　　所以在面试谈话中,使你的每一句话都充满感情,这是至关重要的。要尽量使你的每个遣词造句都充满力度,使你的每句话都充满感情,使你的谈吐富有节奏,并掌握抑扬顿挫的分寸,千万不要象讲悄悄话一样,给人一种缺乏自信之感。

　　当然,也要注意言语千万不要装腔作势,要自然、声音也不宜太大,能听清即可,谈吐时,适当配以手势和体态语言,可以加强言语的含情度,使你更加富有激情。

面试经验分享——来自现任职于一家金融机构的李先生

　　参加面试的人那么多,我的经验是:必须突出个人风格,让招聘人对你留有印象。首先大方地直视询问者的目光;其次自信自己可以回答上一切问题,如果遇到一时反应不上来的,就以蜻蜓点水的方式给一个模糊的答案,可以答非所问,但绝不要不答;再次,应有意识地引导对方问自己最擅长的内容,恰当地展示自我。展现自我是面谈过程中不可或缺的部分。你希望展示多少情况,展示的过程和展示的方式——这些都取决于你自己。如果展示得过多过快,提问者就会立即打住,因为你展示的情况大大超过了他们所想了解的情况。展示得过少过慢,他们又会感觉你很不自信,可能会中止面试,因为他们希望了解到的东西没有得到充分的回答。要记住,交谈的目的是在对方都能了解并可以接受的水准上相互交换信息。求职面谈中,交谈双方有一个心照不宣的协定,求职者如能提供充足有效的信息,提问者就会让面谈继续下去并最终提供一份职位。

第六章
面试成功的故事

以感恩的心态面对一切

有一个叫史蒂文斯的中年男人在一家公司里当程序员,他已经在这家软件公司里干了8年。然而,就在这一年,公司倒闭了。这时,史蒂文斯的第三个儿子刚刚降生,巨大的经济压力使他喘不过气来。

于是,史蒂文斯开始了漫长的找工作生涯。然而一个月过去了,他一无所获。一天,史蒂文斯在报上看到一家软件公司要招聘程序员,待遇非常好。他立刻赶到公司,准备参加应聘。应聘的人数实在太多了,竞争将会异常激烈。经过简单交谈,公司通知他一个星期后参加笔试。在笔试中,史蒂文斯再次轻松过关,剩下的只有两天后的面试了。

然而,在这最后一关中,史蒂文斯没被选项中。不过史蒂文斯并没有怨恨,而是给这家公司写了封信,以表感谢之情。信中这样写道:"感谢贵公司花费人力、物力,为我提供了笔试、面试的机会。虽然我落聘了,但通过应聘使我大长见识,获益匪浅。"

那家公司收到回信后,无不为这样的一封信而感动,最后总裁也知道了这件事情。3个月后,新年来临,史蒂文斯收一张精美的新年贺卡,上面写着:尊敬的史蒂文斯先生,如果您愿意,请和我们共度新年,贺卡是他上次应聘的公司寄来的。原来,公司又出现了空缺,他们第一个就想到了史蒂文斯。

史蒂文斯应聘的这家公司就是美国著名的微软公司,而十几年后,史蒂文斯凭着出色的业绩,一直做到了公司的副总裁。

能力决定一切

表弟没考上大学，他从老远的乡下来到城里，到一家装饰材料店做了不要钱的学徒工，很快就学会了鉴别各种装饰材料的优劣。同时，他又买了好几本有关家居装饰的书。我教会他使用电脑后，在我不写作时，他就用我的电脑学习做装饰设计方案。

一天，表弟得到了全市最大的一家装饰公司要招聘人员的消息，在我的鼓动之下，他就去了。到了招聘现场一看，应聘人员的队伍排得老长老长，而且在闲谈中，表弟了解到那些应聘的人员最低学历都是大专，而自己要学历没学历，要工作经验没工作经验，表弟的心就冷了下来。思索了一会儿后，表弟干脆退出队伍，买了一份报纸，坐在不远的一条长椅上看起报来。等到他把报纸仔仔细细地看完时，队伍也就剩下两三个人了，他这才不紧不慢地走过去，排在了最后。

终于轮到他接受考试了，表弟一进去就说，先别问我的学历好吗？我绝对能胜任工作。不信，我演示给你看。说着，表弟就随手指着办公室的地板砖说出了它的优劣；又嗅了嗅门上包的板材，说这个产品不符合国家环保标准；敲了敲款式新颖的办公桌，说这是实木而不是压制材料做的。负责招聘的人说奇了，不过你光会分辨材料还不够啊。表弟又说，你给我一套样板房的平面图，我现在就做出设计方案给你看。招聘人员就在电脑上随便画出了一个平面图，表弟用了十几分钟就做出了一套设计方案。最后的结果是，没有学历也没学过什么专业的表弟被聘用了。

表弟说，如果他排在队伍中间，只要拿不出学历证明来，招聘人员肯定二话不说就会淘汰他，让他后面的人接着考了。他特意排在最后一个位置，背后没有应聘者在等，所以招聘人员才有可能给他时间，让他展现实际才能，他才能在看似没有一点希望的时候，为自己创造机会。

生活中有时排在最后，不是退缩，不是胆怯，而是一种从容的智慧。

注重礼仪使我成功

我在大学里成绩一直优秀,专业是热门,当过学生会干部,本来凭自己的条件完全可以进入外企,但由于平时大大咧咧惯了,结果在面试中被一些细节断送了前程。

面试当天,我细心打扮了一下自己,脱掉脏兮兮的牛仔服,换上笔挺的西装。面试时,主考官要看我的实习鉴定材料,我赶紧打开资料袋,由于资料没有分类,我心里一慌,资料散落一地。好不容易找到实习资料,我又在慌乱中将主考官的水杯碰倒,心中暗暗骂着自己。这时,主考官要验我的毕业证原件,可文件已弄得一团糟,等找出时已花了一分半钟,主考官脸色铁青。面试结束后,我长嘘一口气,可马上又慌了,原来离开时竟将毕业证原件和钢笔遗失在主考官那里,想到事关重大,我只好厚着脸皮回去拿自己的毕业证。就在我转身离去的一刹那间,主考官大笔一挥,将我的名字从复试名单中划掉了。

许多单位是从一些面试细节判断一个人的行事和处事态。

许多求职者只留意应聘面试时的礼仪,而忽略了应聘后的善后工作,而这些步骤亦能加深别人对你的印象。面试结束并不意味着求职过程就完了,也不意味着求职者就可以袖手以待聘用通知的到来,有些事你还得干。

一、感谢

为了加深招聘人员对你的印象，增加求职成功的可能性，面试后两天内，你给招聘人员打个电话或写封信表示谢意。

感谢电话要简短，不要超过5分钟。

感谢信要简洁，不超过一页。感谢信的开头应提及你的姓名及简单情况。然后提及面试时间，并对招聘人员表示感谢。感谢信的中间部分要重申你对该公司、该职位的兴趣，增加些对求职成功有用的事实内容，尽量修正你可能留给招聘人员的不良印象。感谢信的结尾可以表示你对自己的素质能符合公司要求的信心，主动提供更多的材料，或表示能有机会为公司的发展壮大做出贡献。

面试后表示感谢是十分重要的，因为这不仅是礼貌之举，也会使主考官司在作决定之时对你有印象。据调查，十个求职者往往有九个人不回感谢信，你如果没有忽略这个环节，则显得"鹤立鸡群"，格外突出，说不定会使对方改变初衷。

二、不要过早打听面试结果

在一般情况下，考官司组每天面试结束后，都要进行讨论和投票，然后送人事部门汇总，最后确定录用人选，可能要等3—5天。求职者在这段时间内一定要耐心等候消息，不要过早打听面试结果。

三、收拾心情

面试回来后，你已经完成一次面试，但这只是完成一个阶段。如果你向几家公司求职，则必须收拾心情，全身心投入应付第二家的面试，因为，未有聘书之前，仍未算成功，你不应放弃其他机会。

四、查询结果

一般来说，你如果在面试两周后或在主考官许诺的通知时间到了，还没有收到对方的答复时，就应该写信或打电话给招聘单位或主考官司，询问是否已作出了决定。

五、做好再次冲刺的思想准备

应聘中不可能个个都是成功者，万一你在竞争中失败了，也不要气馁。这一次失败了，还有下一次，就业机会不只一个，关键是必须总结经验教训，找出失败的原因，并针对这些不足重新做准备，"吃一堑，长一智"，谋求东山再起!

用一生时间磨一面镜子

用一生的时间来磨一面镜子，这种"蠢事"恐怕很少有人愿意做。然而在荷兰，有一个刚初中毕业的青年，在一个小镇里做镇政府的门卫工作。

那时，门卫的工作是比较清闲的。于是，青年为了打发为余的时间，养成了打磨镜片的爱好。青年非常专注和细致，多年来的打磨生涯使他的技术已经超过专业技师，他磨出的复合镜片的放大倍数，比他们的都要高。

就这样，青年锲而不舍地磨了六十年镜片，也因此让他发现了当时科技尚未知晓的另一个广阔的世界——微生物世界。他制造的放大透镜以及简单的显微镜，形式很多;透镜的材料有玻璃、宝石、钻石等。他一生磨制了400多个透镜，其放大率竟达270倍。1674年他开始观察细菌和原生动物，即他所谓的　"非常微小的动物"。1677年他首次描述了昆虫、狗和人的精子。1684年他准确地描述了红细胞，证明马尔皮基推测的毛细血管是真实存在的。1702年他指出在所有露天积水中都可以找到微生物。他追踪观察了许多低等动物和昆虫的生活史，证明它们都自卵孵出，并经历了幼虫等阶段，而不是从沙子、河泥或露水中自然发生的。

这个青年就是科学史上鼎鼎大名的、活了90岁的荷兰科学家万.列文虎克。

列文虎克细心地磨着每一个镜片，用尽毕生的心血，致力于每一个平淡无奇的细节的完善，终于他在他的细节里完成了举世瞩目的成就，创造了科学史上的一个伟大的奇迹。细节影响品质，细节体现品位，细节显示差异，细节决定成功，细节的力量就是"润物细无声"。

细节即是修养

20多年前，一位知名企业的总经理想要招聘一名助理。这对于刚刚走出校门的青年们来说是一个非常好的机会，所以一时间，应征者云集。经过严格的初选、复试、面试，总经理最终挑中了一个毫无经验的青年。

副总经理对于他的决定有些不理解，于是问他："那个青年胜在哪里呢？他既没带一封介绍信，也没受任何人的推荐，而且毫无经验。"

总经理告诉他："的确，他没带来介绍信，刚刚从大学毕业，一点经验也没有。但他有很多东西更可贵。他进来的时候在门口蹭掉了脚下带的土，进门后又随手关上了门，这说明他做事小心仔细。当看到那位身体上有些残疾的面试者时，他立即起身让座，表明他心地善良、体贴别人。进了办公室他先脱去帽子，回答我提出的问题时也是干脆果断，证明他既懂礼貌又有教养。"

总经理顿了顿，接着说："面试之前，我在地板上扔了本书，其他所有人都从书上迈了过去，而这个青年却把它捡起来了，并放回桌子上；当我和他交谈时，我发现他衣着整洁，头发梳得整整齐齐，指甲修得干干净净。在我看来，这些细节就是最好的介绍信，这些修养是一个人最最要的品牌形象。"

人生感悟

"泰山不拒细壤，故能成其高；江海不择细流，故能就其深。"诺贝尔曾经说过："要想获得成功，应当事事从小处着手。"而关注细节的人无疑也是能够捕捉创造力火花的人。一个不经意的细节，往往能够反映出一个人最深层次的修养。

坚持到最后才是胜利

一个青年刚刚大学毕业，凭借着自己的能力，他找到了一份人人羡慕的高薪工作，在一个海上油田钻井队里做技术员。

工作的第一天，领班要求青年在限定的时间内登上几十米高的钻井架，把一个包装好的漂亮盒子拿给在井架顶层的主管。

青年对这第一个任务信心百倍，他拿着盒子，快步登上狭窄的舷梯，登舷梯是十分累人的，当青年气喘吁吁、满头大汗地登上顶层，把盒子交给主管时，主管只在盒子上面签下自己的名字，又让他送回去。于是，青年按照吩咐又快步走下舷梯，把盒子交给领班，而领班也是同样在盒子上面签下自己的名字，让他再次送给主管。

青年此时有些耐烦了，他觉得这项工作一点意义也没有。可是领导的命令不得不执行，于是青年又转身登上舷梯。当他第二次登上井架的顶层时，已经浑身是汗，两条腿抖得厉害。主管和上次一样，只是在盒子上签下名字，又让他把盒子送下去。年轻人擦了擦脸上的汗水，转身走下舷梯，把盒子送下来，然而，领班还是在签完字以后让他再送上去。

青年有些生气了，他觉得主管和领班是在跟他开玩笑。他长长地叹了一口气，尽力忍着不发作，擦了擦满脸的汗水，抬头看着那已经爬上爬下了数次的舷梯，拿起盒子，步履艰难地往上爬。当他上到顶层时，浑身上下都被汗水浸透了，汗水顺着脸颊往下淌默认。他第三次把盒子递给主管，主管看着他慢条斯理地说："请你把盒子打开。"

青年于是打开了盒子——里面竟然是两个玻璃罐：一罐是咖啡，另一罐是咖啡伴侣。年轻人终于无法克制心头的怒火，把愤怒的目光射向主管。主管接着对他说："请你把咖啡冲上。"这时，青年将所有的愤怒和不满全部发泄了出来，他"啪"地一声把盒子扔在地上，大声地说："我不干了!"

此时，主管摇了摇头，对青年说："很遗憾，如果你再忍耐一下，你就可以通过这个考验了。刚才我们所做的是一种'承受极限训练'，因为我们在海上作业，随时会遇到危险，这就要求队员们有极强的承受力，承受各种危险的考验，只有这样才能成功地完成海上作业任务。你已经通过了前面三次，只差最后一关，你没有喝到自己冲的胜利的咖啡

因此，对不起，您不能在这里工作了。"

人生感悟

"骐骥一跃，不能十步，驽马十驾，功在不舍。"忍耐，对于每个人来说都是痛苦的，因为忍耐压抑了人性。但是，成功往往就是在你忍耐了常人所无法承受的痛苦之后，才出现在你面前的。当困难来临时，请再坚持一下，千万不要只差那么一点点就放弃了。

另类面试："虚掩的门"

　　一位年轻人刚刚加入一家新公司，公司里有一间没挂门牌的房间，总经理告诫大家不要进那个房间去，可是这位年轻人偏偏觉得很奇怪，跃跃欲试想一探究竟。公司里一位老员工好心好意地劝他说："咱们刚来的，干好自己的工作，听总经理的没错。"可年轻人偏偏来了犟脾气："我须得进去看看那个房间里有什么。"

　　于是，他来到公司办公大楼的7楼，找到那个没挂门牌的房间。让他诧异的是，门上没有锁，并且还是虚掩着的。年轻人想：总经理既然不让进这个没挂门牌的房　间，他为什么不把它锁上呢，里面肯定没有什么贵重的东西。想到这儿，他便轻轻地敲了敲门，无人应声，轻轻一推，虚掩的门便开了。面积很小的房间里摆了一张　豪华的老板椅，老板椅的靠背上贴着一张红纸，红纸上面用黄色的宣传色写着这样一行字：恭喜你，你被聘用为本公司新任销售部经理，现在，请你把这张红纸拿给　总经理，他将发给你销售部经理的聘书。年轻人十分困惑地拿起那张已沾满许多灰尘的红纸，走出房间，直奔总经理办公室。当他把那张红纸交给总经理时，总经理赞许地看他，从办公桌的抽屉里拿出了一本红色的聘书，聘书上写着：不为条条框框所束缚的人，你被聘用为公司销售部经理。"就因为我走进了7楼那个没挂门牌的房间？"年轻人不解地问道。总经理高兴地回答道："没错，在我不让走进7楼那个房间的情况下勇于走进的人，就能够胜任销售部经理的岗位，我已经等了好几个月了，快去工作吧，我将在随后的公司会议上宣布对你的任命。"

　　年轻人果然不负众望，公司的销售业绩直线上升。这位总经理后来解释说，这位年轻人不为条条框框束缚，敢于走进某些禁区，这正是一个富有开拓创新精神的成功者所应具备的良好素质。

藏在招聘启事中的试题

　　广州某公司在报纸上刊登了一则招聘营销人员的招聘启事，应聘条件、工资待遇等内容一应俱全，参加笔试、面试等要求也非常明确，可通篇启事从头看到尾，就是没有发现应聘的联系方法。

　　真是咄咄怪事，招聘启事哪有不留联系方法的？多数人认为这是招聘单位疏忽或是报社排版错误，于是，便耐心等着报社刊登更正或补充说明。但也有三位应聘者见招聘的岗位适合自己，便不去管是谁的疏忽：小王通过互联网，在搜索引擎上输入公司名称，轻松地搜出了包括通讯方式在内的所有公司信息；小张则立即通过　114查号台，查出了该公司的办公电话，通过向公司办公室人员咨询，取得了联系方法；小刘查找联系方式的办法则更是颇费了一番周折，他依稀记得该公司在某商业区有一个广告牌，于是骑车围着城区转了一下午，终于找到了广告牌，并顺藤摸瓜取得了公司的地址和邮编。

　　招聘启事刊登的第三天，多数应聘者正眼巴巴地等着从新来的报纸中找有关更正和补充，但小王、小张和小刘三人的求职信及有关招聘材料已经寄到了公司人事主管的手中。

　　此后，人事主管与小王、小张和小刘相约面试。面试时，公司老总对三位小伙子的材料和本人表示满意，当即决定办理录用手续。三人为如此轻松应聘而颇感蹊跷：招聘启事中不是说要进行考试吗？带着这一疑问，他们向老总请教。

老总拍着他们的肩膀说：我们的试题其实就藏在招聘启事中，作为一个现代营销员，思路开阔，不循规蹈矩是首先应具备的素质，你们三人机智灵活，短时间内能另辟蹊径，迅速找到公司的联系方式，这就说明你们已经非常出色地完成了这份答卷。

微软公司面试实记

微软：中国每年消耗多少高尔夫球

在微软的面试中，有这样一道面试题：假如你在飞机上遇到一位高尔夫球的生产商，向你询问中国每年消耗的高尔夫球的数量。你怎样回答?怎样回答，对于我这个 在现实生活中见都没见过高尔夫球的人来说无疑是一头雾水。其实对于这种不可能回答的问题，我们只要找到它的解决办法就可以了，因为连考官自己也不知道问题 的答案。

我们可以这样回答：1.统计中国高尔夫球场的数目;2.统计平均每天有多少位客人;3.统计每位客人平均每天消耗的高尔夫球的数量。然后我们把三个数相乘，再乘以一年的营业天数，就可以知道中国每年消耗的高尔夫球的数量。

在以后的面试中，我也遇到过很多类似的问题，如人民大会堂能装多少乒乓球等等，都可以用类似的方法解决。

长虹公司面试实记

长虹: 你喜欢《三国演义》里哪个人物?

长虹的面试是采用座谈会的形式, 我们4个同学和主考官围坐在一起, 有点像央视《实话实说》栏目的那种氛围。在会谈中, 考官拉家常地问我们读过《三国演义》吗?在得到肯定的答复后, 考官要我们说说自己最喜欢《三国演义》里的哪个人物, 为什么?

1号同学脱口而出: "吕布, 三英战吕布, 吕布一个人单挑刘关张三人, 实乃英雄。"

考官眼波不兴地说道: "吕布这个人, 好色薄情, 先是认贼作父, 后又弑父夺色, 不是英雄, 实乃小人。"

2号同学想了想说道: "刘备, 宽厚仁慈, 厚德载物。"

考官品了一口茶说道: "刘备这个人, 小事优柔, 大事武断。平时遇事只知放声大哭, 关羽被杀后, 不听劝阻, 一意孤行, 最终为蜀国的灭亡埋下伏笔。"

3号同学冥思良久提出为世代所称颂的人物: "诸葛亮, 足智多谋, 忠心为国。"

考官微微笑道: "诸葛亮的忠, 只是愚忠, 明知道阿斗是扶不起来的阿斗却仍然要扶。在其百年之后, 蜀国的灭亡也就不可避免, 可悲可叹。"

轮到我了，我想到《三国演义》里的任何一位人物，由于历史局限性，都是有缺点的。考官又熟读《三国演义》，不论我提出何人。他定能找到其缺点。我灵机一动　说道："金无足赤、人无完人，由于历史局限，《三国演义》中的人物都是有缺点的，抛开历史的恩恩怨怨，单就个人而言，我最喜欢的是《三国演义》中的大乔、小乔。因为孔夫子说过，食、色，性也。"

　　这下考官说不出话了，因为他的嘴已经笑歪了。这次面试最后在笑声中圆满闭幕。

风马牛不相及——百事公司面试实记

百事: 皮鞋和鞋油有什么关系?

百事的面试是在一个偌大的会议厅里进行的, 一对一。我和百事的人力资源部主任面对面谈了2个小时, 有点像央视《东方之子》栏目的氛围。

考官是位年轻而漂亮的女主任, 比我大不了几岁, 身上有种说不出的香味, 我不知道这是不是百事的面试手段之一--测试我的定力。

美女主任先问了我的一些基本情况和一些专业问题, 应该还比较满意。然后她突然话锋一转问道: 皮鞋和鞋油有什么关系?刚听到这话, 我几乎不相信自己的耳朵, 因为在3秒钟以前, 我们还在探讨博弈论, 马斯洛需求理论。但我马上意识到关键时刻来了。考官是想看我在突然情况下的反应。因为只有在突发情况下, 听其言, 观其行, 才能反映一个人是否具有沉着冷静、处变不惊的品质。

我想了想说:"皮鞋和鞋油是紧密联系的。皮鞋的出现才产生了鞋油, 就好像物质的出现产生意识一样。鞋油出现后, 推动了皮鞋的进一步发展, 就好像意识的改变推动物质的进步一样。他们的关系是荣辱与共, 他们的发展是与时俱进的。".

从美女考官的秋波中, 我知道我离胜利不远了。

在回答这类有点风马牛不相及的问题时, 引入哲学观点就很重要。哲学是一门使人聪明的科学, 它的很多理论放之四海而皆准。在你的回答里, 揉进哲学的观点, 不仅能让你的回答富有逻辑, 更使它不可辩驳。

宝洁公司面试实记

请君入瓮是面试中的常用计策。宝洁最大的"瓮"就是问："能说说你的缺点吗?"看是不在意的一句话，却暗藏杀机。这个问题的杀机在于，面试人人说优点，无人说缺点，因此你的缺点就是公司要你与否的关键，你自己说出口的缺点也将成为公司现在不用你，或者将来解聘你的借口。

怎么回答，说自己没缺点肯定是不行的，把自己的缺点说成优点，也不好。我曾经看到有人说自己做事主动得有点冲动，果断得有点武断。这样的回答，出了让别人觉得你油嘴滑舌外，只能为自己挣负分。

一个最基本的回答技巧就是"打擦边球"，"我想我最大的缺点是没有太多的工作实践经验。学生时代的经历几乎是从一所学校毕业就又到一所新的学校读书。我想利用在学校的时间踏踏实实地多学点今后有用的知识。希望我的这些不足能够在贵单位的实际工作中得到改进!"

上述回答，所描述的"缺点"实际上算不上什么缺点，因为学生时代，谁的经历都是简单如白纸;而且，上述回答已经含蓄地表明了自己的优点--踏实--一个能   够踏踏实实认真学习知识的好学生，也必将是一个能够踏踏实实努力工作的好员工;同时，它还表明了自己志愿到面试单位工作的决心--"希望我的这些不足能够 在贵单位的实际工作中得到改进!"

一个执着的人的面试故事

陈某是一个看上去就特别执着的人。他告诉记者,他一直知道自己并不是最优秀的,但他认为自己身上有很多别人所没有的优点,比如能力、毅力。他只要认定了的事,就会去竭力争取。

我在招聘会上转了半天,终于看中了一家自己向往已久的公司。放下简历后,我就站在公司招聘位置附近观察,看看给这家公司投简历的都有些什么人,我把这叫做知已知彼。一个下午,该公司大概接了不下百份简历。我心里想,自己不可以就这样被动地等着他们打电话过来——100多份简历就招一个人,我的机会只有百分之一。

第二天一大早,我就按照招聘材料上的电话打了过去,接电话的是个年轻女孩。我告诉她我昨天投了简历,想知道什么时候会有结果,女孩记下了我的名字和联系电话,然后让我等等看,说面试通知三天之内就会有。第三天,我被通知参加面试。到了单位后,才发现一共有

10个人被选中参加这次面试。面试我们的是个年轻的女孩子。在说到薪酬时,我把自己的真实想法说了一通,我觉得自己目前还没有谈薪酬的条件,自己的实际工作能力也还没有得到发挥,这时候是无法去估量它的价值的。当我说这些话时,我注意到面试的女孩在一边点头。

临走时,女孩说她并不是这里的负责人,主管出差了,所以最后的面试结果还要看主管根据简历来定。又是三天,我还没有等到第二轮面试通知,于是我又打了个电话过去。仍是第一次接我电话的女孩,她在问了我的名字后说她可以先帮我去人事部问问看。中午的时候,公司通知我当天下午去参加第二轮面试。下午,我赶到公司时,人事主管对我说:"你们四个都去体检吧,体检结果出来后再说。"

参加体检后,好久没有我的消息。思考后,我又给公司打了第三次电话。公

司回复我，他们正在商量，等决定后再打电话给我。就在我挂断电话后不到5分钟，公司打电话过来让我下周一过去见习。现在我已经在公司正式上班一个多月了。在公司的一次聚会中，我才知道三次面试的名单中都没有我，我的三个电话给了我三次机会。后来，人事主管对我说："小陈，你很主动。尽管你不是面试中最优秀的学生，但公司选中的就是你的这种主动精神，公司欢迎真诚想发展的人。是你为自己赢得了这个工作机会。好好干吧。"

一览山东英才网某招聘专家点评：陈超的这次面试成功，跟他的主观能动性有着必然的联系。如果应聘者只是一味地等待，就会错过很多的机会。一份好的岗位发布会收到几百份甚至上千份简历都是正常的现象，而招聘方有时甚至连将简历看完的时间都没有，而很多应届生的简历都是雷同的，很难让招聘方有一个比较深的印象。在这个时候如何取得面试的机会将是走向成功的第一步。在适当的时候给招聘单位去一个电话，就会加深对自己的印象。但是也切忌死缠烂打，这样反而会造成一种负面印象。

有态度的面试故事

有一位专科毕业生，求职过程中多次碰壁，多次被很一般的招工单位拒绝。他很沮丧，可父亲却对他说："勇敢些，到更好一些的招工单位试一试。"

市政府正在招考公务员，有20多人应试，都是本科生，有的还是名牌学校的本科生，他也应试了。结果只录取了他这个专科生，理由是：他是惟一在报刊上发表过十几篇文章的人，他是惟一把倒在桌面上的笔筒扶起来的人。文凭代表了实力和素质，但实力和素质不只靠文凭体现。发挥自己的优势、敢拼、善拼才会赢。这位大学生在面试时就成功地展示了自己的实力和素质。

谦虚的面试故事

我做秘书已经好几年了，很想换一个行当，最近参加了一次面试，职位是业务经理。我记得面试时考官问了一些常规性问题我都对答如流，当时面试已近尾声，双方都谈得很愉快，记得这时考官又多问了一个问题："你认为对你来说现在找一份工作是不是不太容易，或者说你很需要这份工作？"按常理，如果我回答"是的"，一切便大功告成。

但当时我为了表现得不卑不亢，便回答说："我看不见得"，这一下子使同时在场的用人单位的人事经理顿时打消了录用的念头，理由是"此人比较傲"。一句话，断送了一次较好的就业机会。事后我很后悔，却无济于事了。因此，建议所有的求职者牢记，现今的就业市场毕竟供大于求，属于典型的买方市场，就业形势如此严峻，何不学乖一点，何必为了虚无缥缈的"不卑不亢"而痛失良机，说得再体面一点，谦虚一点又何妨？

请坐下来谈话

一家规模很大的公司正在招聘副经理一职，经过初试，他们从简历里选中了3位优秀的青年进行面试，最终选定一个。

最后的面试由总经理亲自把关：面试的方式是跟三位应聘者逐个进行交谈。面试之前，总经理特意让秘书把为应聘者准备的椅子拿到了外面。

第一位应聘者沉稳得走了进来，他是经验最为丰富的。总经理轻声对他说："你好，请坐。"应聘者看着自己周围，发现并没有椅子，充满笑意的脸上立即现出了些许茫然和尴尬

"请坐下来谈。"总经理再次微笑着对他说。他脸上的尴尬显得更浓了，有些不知所措，最后只得说："没关系，我就站着吧！"

第二位应聘者反应较为机敏，他环顾左右，发现并没有可供自己坐的椅子，立即谦卑地笑："不用不用，我站着就行！"

第三位应聘者进来了，这是一个，一点经验也没有，他面试成功的机率是最低的。总经理的句话同样是："你好，请坐。"大学生看看周围没有椅子，先是愣了一下，随后立即微笑着请示总经理："您好，我可以把外面的椅子搬一把进来吗?"总经理脸上的笑容终于舒展开来，温和地说："当然可以。"

面试结束后，总经理录用了最后一位应聘者，他的理由很简单：我们需要的是有思想、有主见的人，缺少了这两样东西，一切的学识和经验都毫无价值。